Wikinger Kochbuch

Saeta Godetide
Carolin Küllmer

Impressum

Bildnachweis (siehe auch S. 160):
Foodaufnahmen: Jens Christoph, Saeta Godetide
Food-Bild Seite 1: Oliver Klimnach
Food-Styling: Tino Kalning
Lagerfotos/Naturbilder/ Historische Aufnahmen: Carolin Küllmer, Saeta Godetide
Grafiken & Accessoires: Carolin Küllmer, Saeta Godetide, Ronald Blöcher, Stephanie Krätschmer

2. Auflage 2011
ISBN: 978-3-86738-033-1

Das Werk, einschließlich aller seiner Teile ist urheberrechtlich geschützt. Jede Verwertung außerhalb der engen Grenzen des Urheberrechtsgesetzes ist ohne Zustimmung des Verlages unzulässig und strafbar. Das gilt insbesondere für Vervielfältigungen, Übersetzungen, Mikroverfilmungen, Vertonung und die Einspeicherung und/oder Verarbeitung in elektronischen Systemen.
Das Werk ist nach bestem Wissen vom Verlag lektoriert worden. Für falsche, fehlende oder unrichtig widergegebene Daten, sowie jedwedem falschen Gebrauch wird die Haftung ausgeschlossen.

© 2011
Verlag J. Neumann-Neudamm AG
Melsungen

als Lizenzausgabe für
Verlag FEL!X AG

Weingasse 1
54487 Wintrich
Tel: 06534-94 87 911

verlag@felix-ag.de, www.felix-ag.de

Printed in the European Community
Printed in Germany
Titel: Carolin Küllmer
Satz & Layout: Thomas Führ, Carolin Küllmer
Druck und Verarbeitung:
Druckerei Himmer AG, Augsburg

Andhrimnir lässt in Eldhrimnir
Sährimnir sieden,
Das beste Fleisch; doch erfahren wenige,
Was die Einherjer essen.

Geri und Freki füttert der krieggewohnte
Herrliche Heervater,
Da nur von Wein der waffenhehre
Odin ewig lebe.

  Aus der Edda, Grimnirlied
  (Grímnismál Strophe 18,19)*

Inhalt

Vorwort 8
Ein Exkurs in die Zeit unserer rauen Vorfahren .. 12
Wie gewinnen wir unsere Erkenntnisse 14
Leckeres Mutmaßen - was wurde gekocht? 21
    Muse und Breie 21
    Brot und Fladen 22
    Milchprodukte 22
    Gewürze, Gemüse, Kräuter. 23
    Beeren, Obst, Pilze. 27
    Fisch und Meerestiere 29
    Tierische Eiweiße. 30
Götterparade 32
Offenes Feuer vs. Ofen - Wie wurde gekocht? 36
Früh-mis, Fans und Freunde – Wie kocht man in einem Lager „wikingisch"? 40
Krisen mit ohne Kühlschrank – Wie statte ich meine Lagerküche aus?
Hardware 40
    Handschuhe 41
    Blasrohr 41
    Wasserkessel 41
    Feuergabel/Feuerhaken 43
    Feuerschale 43
    Dreibein 44
    Topf 44
    Pfanne 45
    Grillrost 45
    Küchenausrüstung 48
    Organisation der Küche 50
    Südfrüchte im September –
    Was steht mir zur Verfügung? 52
Das große Fressen 58
Rezepte - Vorwort 60
Suppen
    Gemüsesuppe mit Graupen 64
    Wildkräutersuppe im Frühling 66
    Leberknödelsuppe 67
    Möhrchensuppe mit Kraut 68
    Zwiebelsuppe 70
    Lammfleischsuppe 71
    Kürbis-Apfel-Suppe mit Nüssen 72
    Pflaumensuppe 74
    Brotsuppe 75
    Sauerkrautsuppe 76
Beilagen
    Buchweizengrütze 80
    Eierkuchen im Frühling 81
    Sauerteigbrot 82
    Hafergrütze 83
    Saeta`s Pfannenbrot 84
    Semmelknödel 86
    Kräuterquark 88
    Sauerampfer-Pesto 86

Der Jahreszyklus der Seefahrer,
Händler und Bauern 90
Fleischlose Gericht
    Vegetarische Buletten 96
    Götterspeise (In Met gekochtes Gemüse) 98
    Gemüsespieße 100
    Dinkelsalat 101
    Gefüllte Quarkknödel 102
    Honigmaronen 103
    Pilzköpfe mit Knoblauch 104
    Gebackene Zwiffl 105
    Gelbe Ruben 106
Selbst war die Frau 108
Fisch
    Kveitesuppa – Norwegische Heilbuttsuppe ...116
    Fiskekaker – Norwegische Fischfrikadellen...118
    Forelle mit Kräutern 119
    Wildlachsfilets mit Machandelbeeren 120
    Fiske Bollur – Isländische Fischbällchen...121
Fleischgerichte
    Kaninchen in der Pfanne 124
    Fleischtopf 125
    Fleisch in Rosmarin-Zwiebel-Soße 126
    Aufgespießtes Met-Huhn 128
    Får i kål – Hammel & Kohl 129
    Mangoldhuhn und Selleriepüree 130

Ich kenne einen Weg, der älter ist als das Kreuz
Kleiner Ausflug in die nordische Mythologie 132

Süßspeisen
    Hirsebrei 138
    Eierkuchen – Pfannkuchen 139
    Holundersuppe mit Grießklößchen 140
Traditionelle Gerichte
    Gesengter Lammkopf 144
    Fermentierter Hai 145
    Finnischer Elchbraten 146
    Skyr 148
Übersicht Wildfrüchte und -kräuter –
Was kann man wann finden 150
Einkaufsliste 153
Lebensläufe 154
Quellenverzeichnis 158

Vorwort

Von Wikingern, Essen und Trinken

Die Wikinger sind für vieles berühmt geworden – Entdeckungsfahrten, Überfälle, Staatengründungen, aber ihre Küche und ihre Kochkünste zählen nicht dazu.

Wenn wir heute von Wikingern sprechen, dann meinen wir damit allgemein die ganze skandinavische Bevölkerung der Wikingerzeit (ca. 793–1066) und nicht nur die Wikinger im ursprünglichen Sinn, also die Seeräuber (altnordisch víkingr), die der Epoche in Nord- und Westeuropa ihren Namen gegeben haben. Als Normanni (d.h. Norweger) und Dani (Dänen) waren sie in ganz Europa gefürchtet, und das nicht nur wegen ihres Mutes und der Raublust, sondern vor allem wegen ihrer schnellen Schiffe, welchen man wenig entgegenzusetzen hatte und gegen die sich die schwerfälligen Landtruppen als ineffizient erwiesen.

Neben der Lust auf Gold und Geld, Land und vor allem Ruhm haben sich die Wikinger schon in ihrer eigenen Literatur der nachfolgenden Jahrhunderte einen Namen nicht so sehr als große Esser, sondern mehr als große Trinker gemacht: schon die Terminologie ist bezeichnend: bei einem Fest setzte man sich nicht zum Mahl, sondern zum Trinken. Man trank das Totengedenken, man feierte die Feste mit Trinksprüchen für die Verstorbenen, für die alten Götter, später auch für den Christengott. Die Sagas aus dem isländischen Hochmittelalter, die sich mit der eigenen Vergangenheit der Wikingerzeit beschäftigen und uns noch heute ein reichlich romantisiertes und heroisiertes Bild der Wikingerzeit bescheren, sind voller Szenen exzessiven Alkoholgenusses: man machte seine Feinde betrunken, um sie zu erschlagen, ein Held musste mehr vertragen können als andere, und das Vorenthalten alkoholischer Getränke gegenüber einem Gast kam einer groben Beleidigung gleich.

Was aber trank man da so reichlich? Wenn nicht gerade von Wasser oder saurer Milch die Rede ist, was wohl die Alltagsgetränke waren, dann darf man innerhalb Skandinaviens vor allem davon ausgehen, dass Bier getrunken wurde. Dünnes, zu Hause gebrautes, und auch wenig haltbares Bier, welches speziell vor Festen gebraut wurde, meist von den Frauen. Die Wikingerüberfälle auf Westeuropa eröffneten aber auch den Skandinaviern die weite Welt: die Annalen und Chroniken des Frankenreichs schildern, wie bei Wikingerüberfällen zuerst einmal die Weinkeller von Kirchen und Klöstern geplündert wurden, bevor man noch die Schatzkammern und Sakristeien plünderte – in welchem Zustand der Berauschung, kann man sich dann leicht vorstellen. Somit kamen auch einfache Leute in den Genuss eines Getränks, das bis dahin nur Häuptlingen vorbehalten war, aber dennoch keineswegs unbekannt, wie die Funde von Fässern importierten Rheinweins in Skandinavien belegen. Vermutlich war aber der Weingenuss vor der Wikingerzeit nur hohen festlichen oder sogar religiösen Gelegenheit vorbehalten, ebenso wie die teuren importierten Sturzbecher dazu, deren Reste sich in Skandinavien schon seit der Mitte des 1. Jahrtausends nachweisen lassen. Auch der bei Liebhabern der Wikingerzeit heute so beliebte Met war in der Regel wohl ein kultisches Getränk, das man nur für besondere Anlässe herstellte, denn auch Met war im Frühmittelalter wenig haltbar.

Was ist aber nun mit dem Essen? Davon wird wenig Aufhebens gemacht, und das wohl mit gutem Grund: zählt schon die heutige skandinavische Küche nicht zu den exquisiten Erfahrungen und beruht zu einem guten Teil auf Fisch, Hackfleisch und Kartoffeln, dann dürfen wir uns keine Illusionen über das Essen im frühmittelalterlichen Skandinavien machen, wo die Kartoffeln dabei noch wegfielen! Immerhin haben es die Skandinavier zu besonderen Fertigkeiten bei der Milchverarbeitung gebracht, von der noch heute das isländische Skýr oder der norwegische Brunost zeugen. Aber mit Milchprodukten assoziieren wir heute die Wikinger weniger, auch wenn ein Fellschlauch mit Sauermilch und ein Sack mit Hafer zur Grundversorgung des Wikingers auf seinen Seefahrten gehört haben dürfte. Die Wikinger griffen aber auf ihren Raubzügen gerne zur „Selbstversorgung", wobei wir gar nicht an die Plünderung von Dörfern und Klöstern denken müssen. Der sogenannte Strandhögg war nach skandinavischem Recht durchaus legal: sich beim Anlegen und Übernachten an einer fremden Küste ein Schaf oder ein Rind zur Eigenversorgung zu schlachten, war auf jeden Fall attraktiver als noch einen Tag lang Porridge bei der Hochseefahrt! Beim solcherarten- und auch für Feste Geschlachteten, das in der Regel wohl im Kessel gesotten wurde, zählte es übrigens als unkultiviert, es noch halbgar zu verzehren – andererseits ist das aber ein Zeichen dafür, wie quälend der Hunger wohl mitunter war. Ein weiteres Zeichen mangelnder Kinderstube war es, wenn die bei Festen veranstalteten Spiele in Raufereien und Kämpfe ausarteten: aber Wikingerspiele wären ein ganz eigenes Thema.

So bleibt nur, trotz der beschränkten Zahl der verfügbaren Zutaten in der wikingischen Küche, einen guten Appetit zu wünschen und dabei das Trinken nicht zu vergessen, das diese Küche erst so richtig verdaulich macht!

Dr. Rudolf Simek, Professor für Skandinavistik und Mediävistik, Bonn 2009

Ein Exkurs in die Zeit unserer rauen Vorfahren

Das Zeitalter der Wikinger erstreckte sich vom Jahr 793–1066 n. Chr. Mit dem Wort „Wikinger", altnordisch: „vikingr" für „Seeräuber", werden verschiedene Volksgruppen aus dem skandinavischen Raum zusammengefasst, die auf ähnliche Weise mit ihren Schiffen zu anderen Ländern starteten und dort auf Beutezug gingen.

Wir markieren den Beginn der Wikingerzeit ab dem ersten Raubzug norwegischer Seefahrer auf das als Heilsstätte in ganz Europa angesehene Mönchskloster St. Cuthbert auf der kleinen Insel Lindisfarne in der nordenglischen Grafschaft Northumberland am 8. Juni 793 (so gibt es die angelsächsische Chronik an).

Darauf folgende Überfälle auf das keltische Irland und viele weitere Länder, bis hin zur Christianisierung, der langsamen Verdrängung des Heidentums und der Eroberung Englands durch den Normannen Wilhelm den Eroberer im Jahre 1066, zeichnen den Weg und das Ende der Wikingerzeit weiter.

Mit dem Fall des englischen Königs Harold Godwinsson in der historischen Schlacht bei Hastings am 14. Oktober 1066 und dem Tod des letzten norwegischen Wikingerkönigs Harald Hardråde (der Harte) durch die Truppen Godwinssons, in der Schlacht von Stamford Bridge am 25. September 1066, wird das Ende einer Ära eingeleitet, die bis in die heutige Zeit Historiker, Archäologen, Literaten und historische Reenactmentgruppen aus ganz Europa in ihren Bann zieht.

Wir befinden uns bei unserer kulinarischen Reise in Skandinavien und den nordischen Ländern, mitten in einer wilden Zeit, geprägt durch Beutezüge und Raubfahrten jener meisterhaften Seefahrer, die sich ohne Seekarte und Kompass den Naturgewalten aussetzten. Aber auch in einer Zeit des Handels und Tauschens, kunstvollen Handwerks und der Errichtung erster Handelsstädte, wie Haithabu bei Schleswig und Birka in Schweden, sowie Arhus und Ribe in Dänemark. Die Ära der Wikinger ist von einer vielfältigen und interessanten Kultur geprägt, die sich mit der verallgemeinerten Vorstellung von Barbaren und mordenden Plünderern, die ganze Dörfer abbrennen und christliche Jungfrauen schänden, längst nicht mehr deckt. Die ehemals fahrenden Nordmänner wurden sesshaft und besiedelten Gebiete wie Island oder die Normandie.

Die Nordleute waren auf ihren Streifzügen durch das mittlere Europa nicht ausschließlich auf Beutezug. Sie waren auch ausdauernde Entdecker und Siedler, wie Leif Eriksson, der im 10. Jahrhundert weite Strecken zurücklegte und als erster Europäer den Kontinent des heutigen Amerika betrat. Außerdem waren sie geschickte Handwerker und Händler, auf der Suche nach lukrativen Geschäften, die im 10. Jhd. die Inseln und Küstenregionen Europas (auf Flusswegen schafften sie es bis nach Paris und Russland) mit ihren Schiffen anliefen. Ihr dichtes Handelsnetz umfasste nicht nur die Küsten Europas, sondern auch Teile des Orients, wie Persien. Getauscht wurden orientalische Sklaven und Leibeigene beiderlei Geschlechts und jeden Alters, welche häufig als Arbeitskräfte genommen wurden und Tauschwert besaßen, sich aber unter Umständen freikaufen und in die unterste Gesellschaftsklasse aufsteigen konnten. Sklaventum war erblich, ging auf die Kinder über. Beliebte Handelsgüter sind anhand von archäologischen Funden gut rekonstruierbar. Man bezog u. a. Walrosselfenbein aus Grönland, Keramik und Glaswaren aus dem Rheinland und Mühlsteine aus der Eifel. Einheimische Ware, wie selbst gemachter Honig, Bernstein und Speckstein aus Norwegen, Wachs, Tierfelle und -häute, sowie geschmiedete Waffen und nicht zuletzt die auf Raubzügen erbeuteten Sklaven wurden gerne gegen Edelmetalle, Stoffe (Seide, Brokat), Wachs und Färbemittel, Rüstzeug, Schmuck und – was für uns wichtig ist – exotische Gewürze eingetauscht.

Wie gewinnen wir unsere Erkenntnisse

Die Wikinger, wie wir sie uns vorstellen, mögen heutzutage vielleicht von der Bildfläche verschwunden sein, aber Teile ihrer Kultur,

Sprache und Spuren ihres Lebens bleiben uns bis heute erhalten. Allein in der historischen und damals größten Wikingersiedlung von Haithabu (Hedeby) in Jütland wurden bisher bei Grabungen 340.000 Funde gemacht.

Die Siedlungen Ribe (gegr. um 705) und Birka (gegr. um 750) enthielten ebenfalls einen reichen Bestand an Fundstücken. Anhand von Grabbeigaben aus Grabhügeln in ganz Skandinavien kann ebenfalls viel über das Leben der Wikinger rekonstruiert werden.

Für unser Kochbuch, das die alte Zeit zumindest auf dem kulinarischen Sektor wieder aufleben lassen möchte, ist das sehr hilfreich, da es im heidnischen Skandinavien, das von mündlichen Überlieferungen seiner alten Sagas und Geschichten geprägt war, natürlich noch keine Kochbücher gab, die uns genaue Rezepturen und Zusammensetzungen von Mahlzeiten der Wikingerfamilien liefern konnten.

Die frühesten Kochbücher aus Skandinavien stammen aus den Jahren zwischen 1300–1350. Die Rezepte dieser Bücher basieren auf der Tradition der übrigen mittelalterlichen Welt.

So sind zum Beispiel Parallelen zur deutschen und französischen Küche vorhanden. Die Bücher enthalten Rezepte für Milch- und Eierspeisen, Saucen und Geflügelgerichte.

Aus Nebenbemerkungen in den Sagas und in den Eddas können wir zwar teilweise entnehmen, WAS an Rohstoffen gegessen wurde, jedoch nicht wie viel und wie diese Lebensmittel zubereitet, aufbewahrt oder konserviert wurden.

Der nahezu 70 m (!) lange „Teppich von Bayeux", eine Stickarbeit aus dem 11. Jahrhundert, zeigt uns ebenfalls detailliert ein Festessen mit diversen Fleischsorten und Geflügel.

In Strophe 24 und 25 der Thrymskvida können wir z. B. folgendes über die Essgewohnheiten der männlichen UND weiblichen Festgesellschaft lesen:

> Man reichte reichlich den Riesen das Bier
> Thor ass einen Ochsen, acht Lachse dazu
> Alles süsse Geschleckt, den Frauen bestimmt,
> Und drei Kufen Met trank Sifs Gemahl
>
> Anhob da Thrym der Thursenfürst.
> Wer sah je Bräute gieriger schlingen"
> Nie sah ich Bräute so gierig schlingen,
> Nie mehr des Mets ein Mädchen trinken

Originalrezepte aus der Wikingerzeit existieren nicht, jedoch geben Ausgrabungen sowohl Aufschluss über die verwendeten Gerätschaften als auch teilweise über die Zutaten. Eine weitere Problematik ist das Verbreitungsgebiet der Wikinger über Nordeuropa bis nach Island und Russland. Es ist nicht anzunehmen, dass man dort überall das Gleiche gegessen hat. Wir halten uns bei unseren Rezepten an das, was man den Ausgrabungen vor allem in den nordischen Siedlungsgebieten entnehmen kann.

Wir versuchen also die Lebensmittel und Mahlzeiten zu rekonstruieren, die damals vorhanden oder verfügbar waren und betrachten uns die Essgewohnheiten im Wechsel der Jahreszeiten – denn es war nicht wie in Zeiten von Lebensmitteldiscountern und Kühlschränken alles gleichzeitig und immer vorhanden – oft musste improvisiert werden. Auch wurden Speisereste des Vortages bei Nahrungsknappheit nicht einfach im „Hausmüll" entsorgt und stattdessen neu gekocht, sondern das gegessen und zusammengewürfelt, was vorhanden war.

Bodenproben aus Mooren und vom Grunde skandinavischer Seen liefern uns Daten, welche Pflanzen in der Wikingerzeit wuchsen. Durch die archäologische Untersuchung von Abfällen (Haus- und Küchen-) aus ehemaligen Wikingerwohnstätten gewinnen wir noch mehr Erkenntnisse über die Essgewohnheiten der damaligen Zeit. In Haithabu wurden neben Haustieren anhand tausender Knochenbruchstücke 118 wild lebende Arten von Wirbeltieren nachgewiesen und auch die Art der Schlachtung konnte rekonstruiert werden. Pfeilspitzen in einer Kolbenform, die man zum Jagen für Vögel und Säuger benutzt hatte, Zinken von Fischspeeren, diverse Angelhaken und Beschwerer für Fischernetze lassen auf die speziellen Jagd- und Fangtechniken schließen.

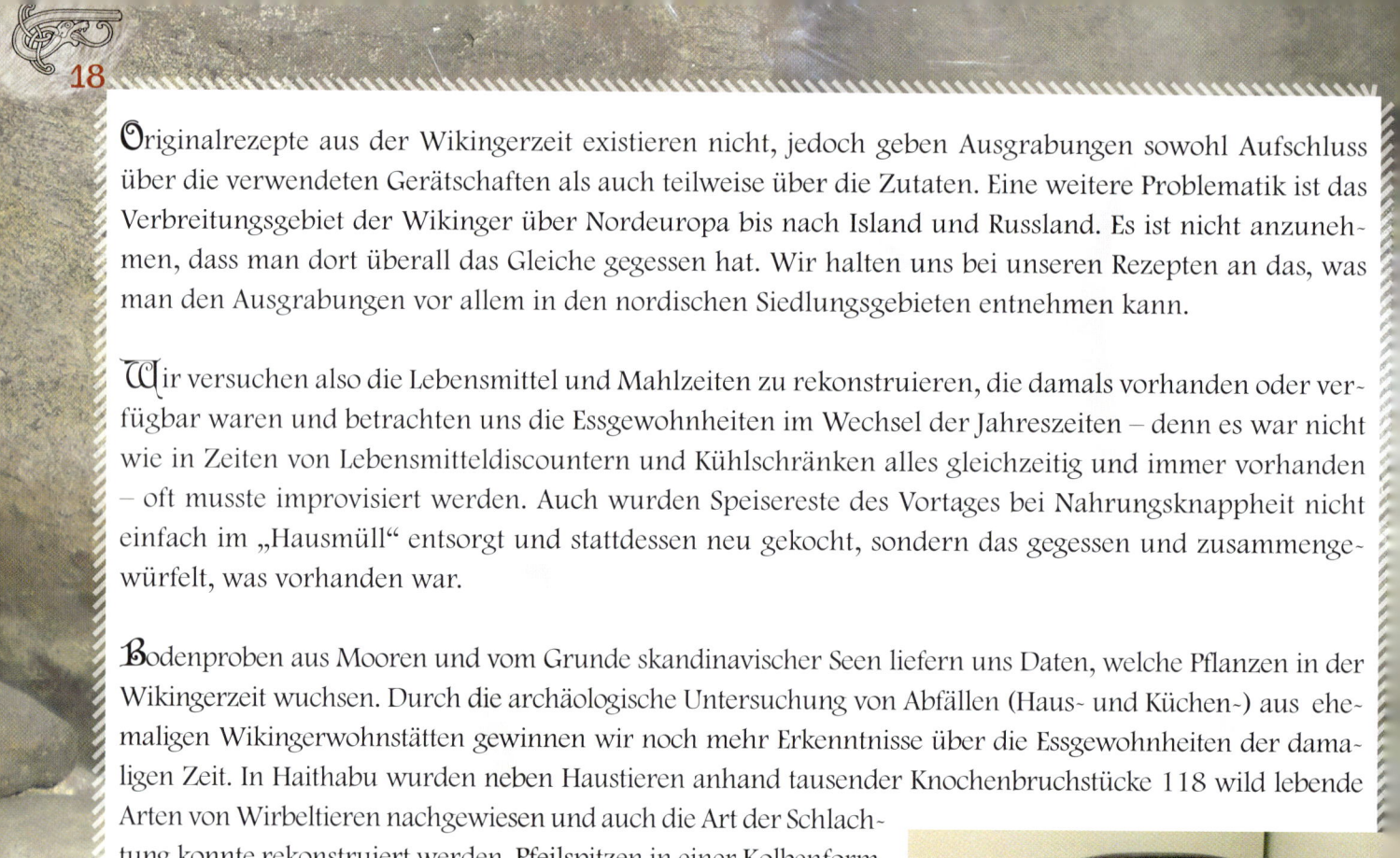

Leckeres Mutmaßen – Was wurde gekocht?

Muse und Breie

Im Europa des Mittelalters standen nicht Nutella und Toast, sondern Breie und Muse ganz oben auf dem täglichen Plan. Tomaten (aus dem Aztekischen Xitomatl) und Kartoffeln, die heute wie selbstverständlich auf dem Speiseplan stehen, kannten die Wikinger noch nicht, denn diese südamerikanischen Gemüsesorten wurden erst 1498 von Christoph Kolumbus und 1584 durch Sir Walter Raleigh in Europa eingeführt. Ebenso der aus Mexiko stammende Mais (Zea mays), den Kolumbus in der Karibik entdeckte und mit sich nach Spanien führte.

In den skandinavischen Ländern wurde überwiegend Gerste, Hafer und Roggen auf den Feldern kultiviert, auch Buchweizen (der Samen eines Knöterichgewächses) und selten war Weizen, welcher ein gemäßigteres Klima benötigt. Der Weizen in seinen drei Grundformen Einkorn, Emmer und Dinkel ist eine der ältesten Getreidesorten überhaupt.

Man schrotete die Getreidesorten und verkochte sie mit Meerwasser oder gesalzenem Wasser. Teilweise vermischte man sie auch mit Raps und Leindotter, welcher zu den Kreuzblütlern zählt, und röstete sie vor dem Mahlen, um die Speise zumindest etwas abwechslungsreicher zu gestalten. Auch der Buchweizen wurde in der Wikingerküche gerne verwendet und zu Grütze verarbeitet. „Havregröt" (Hafergrütze), ein bekanntes schwedisches und norwegisches „Arme-Leute-Essen", wird noch bis in unsere moderne Küchenzeit zubereitet. Ackerunkräuter wie Spörgel, Knöterich, Ackerveilchen und Gänsefuß wurden in schlechten Zeiten in den Brei gemischt, um ihn geschmacklich zu verändern, während reiche Familienverbände Dickmilch, Sahne oder Butter zufügten oder Kräuter, getrocknete Früchte und Nüsse zusetzten, wie wir es heute in unserem Frühstücksmüsli kennen. Auch auf Festen eine gelungene Abwechslung zu der mit der Zeit wahrscheinlich eintönigen Alltagskost.

Im kargen Island wurde Mehl teilweise durch Isländisch Moos erfolgreich ersetzt, was getrocknet genauso gemahlen werden konnte, oder man nahm Erbsenmehl. Die Nordmänner kneteten Teigfladen aus ihrem Mehl, die in Pfannen mit langen Stielen ohne Hefe gebacken wurden. Ohne Hefe deswegen, weil in den meisten Fällen die angeflogenen Milchsäurebakterien und Wildhefen den Teig schlecht werden ließen, anstatt ihn aufzutreiben. Im rauen skandinavischem Klima war man deswegen auf „Ansatzglück" angewiesen, bei dem der Sauerteig oder die Hefe gelungen waren. Ein kleiner Rest des Teiges wurde dann immer für zukünftige Backprozesse oder für Met und Bier aufbewahrt.

Brot und Fladen

Gerstenmehl und Roggenmehl bildeten die Grundlage zum Brotbacken, denn Weizenmehl war rar und somit sehr teuer, womit man auch hier wieder einen Unterschied zwischen reich und arm merkte. In der Edda wird Brot aus Weizen im Rigrlied (Strophe 28/29) zusammen mit dem ebenfalls seltenen Wildbret erwähnt:

> Da brachte die Mutter geblümtes Gebild
> Von schimmerndem Lein, den Tisch zu spreiten
> Linde Semmel legte sie dann
> Von weissem Weizen gewandt auf das Linnen
>
> Setzte nun silberne Schüsseln auf
> Mit Speck und Wildbret und gesottnen Vögeln
> In kostbaren Kelchen und Kannen war Wein

Das so entstandene, knäckebrotähnliche „Fladbröd", wie wir es heute unter diesem Namen noch in Norwegen und Island kennen, war ein haltbares Hartbrot, was auf den langen Schifffahrten für die Besatzung eine dankbare Nahrungsquelle und Schutz vor Skorbut, der gefährlichsten Vitamin-C-Mangelerkrankung der mittelalterlichen Seefahrt, darstellen konnte, da man es mit Kiefernborke vermischte und so der Körper wichtige Nährstoffe aufnehmen konnte. Dennoch waren nach Gebissfunden die Zähne der Wikinger in teils desaströsem Zustand, was an den kleinen Gesteinsresten aus den Handmehlmühlen liegen mochte, die den Zahnschmelz schwer schädigten, sodass sich weiche Nahrungsreste festsetzen konnten.

Milchprodukte

Die Milchwirtschaft der Nordländer war hoch entwickelt und in den kalten Ländern Skandinaviens, Finnland, Norwegen und Nordschweden, wo das Kultivieren von Land für die Bauern aufgrund der klimatischen Bedingungen oft nicht mehr möglich war, stellten Schafe, Ziegen und Kühe als Milchvieh eine gute Nahrungs- und Proteinquelle dar, wobei Kühe die Hauptmilchquelle bildeten.

Auch im Süden, wo sich Heide und Moor ausbreiteten, etablierte sich die Haltung und Zucht von diesen Herdentieren. Aus der Milch, die man selten frisch tank, wurde Käse in verschiedenen Sorten hergestellt und meist stark mit Salz versehen. Zudem gab es Buttermilch, Dickmilch (in gesalzener

Form Skyr genannt, ebenfalls haltbarer Bordproviant auf Schiffen) und Sauermilch, Butter, Sahne und eine Art Joghurt.

Gewürze, Gemüse, Kräuter

Wir befinden uns jetzt im Süden des Nordens, wenn man es so nennen will. In Schleswig-Holstein, Dänemark und Südschweden. Hier fand man zu frühmittelalterlicher Zeit eine erstaunliche Auswahl an Gemüsepflanzen und Kräutern. (Puff-/Pferde-)Bohnen, Erbsen, Kohl, Rübensorten, Zwiebeln, Lauch, Knoblauch, Kümmel, Senf und diverse Garten- bzw. Küchenkräuter (z. B. Kresse, Petersilie, Dill) können anhand von Bodenfunden nachgewiesen werden. Die Zwiebel und zwiebelartige Gewächse galten als das bevorzugte Gemüse der Wikinger. Sie werden u. a. in der Laxdoela Saga erwähnt. In den Reisetagebüchern des arabischen Kalifengesandten Ibn Fadlan aus dem Jahr 922 (Fadlan berichtete nach seiner Reise sehr detailgetreu über Leben, Aussehen und Kultur der Wolgabulgaren, den nördlichen Nachbarn der Rus Wikinger) wird berichtet, dass Zwiebelsuppe verwundeten Kriegern verabreicht wurde (vor allem bei Unterleibsverletzungen). Strömte nach einer Weile Zwiebelduft aus der Wunde, waren innere Organe verletzt, was den Tod bedeutete.

Die Bauern unter den Wikingern hatten Gemüse- und Kräutergärten (Kálgardr für Kohlgarten), die sie mit großer Sorgfalt pflegten. Das Betreten fremder Gärten und dortiges Stehlen von Kräutern und Gewürzen war mit teils harten Strafen verbunden. Das, was nicht selbst angebaut wurde, sammelte man in der Wildnis. Vorhandene Samen dienten der Gewinnung von Ölen (Rapsöl, Leinsamenöl).

Bei archäologischen Funden aus dem irischen Dublin und dem Nordenglischen Territorium der Nordmänner, Jórvík (das spätere York), konnte man Pastinaken und Karotten feststellen und man entdeckte neben den schon erwähnten Gemüsesorten Radieschen, Sellerie und Spinatpflanzen. Bei Svendborg (dt. Schwenburg) auf Fünen, in Dänemark, konnte man Spuren von Endivienpflanzen nachweisen. Darüber hinaus wurden Pilze und genießbare Seepflanzen (genießbare Algenarten waren damals wie im heutigen Japan eine ganz normale Speise) nachgewiesen, die man zum Trocknen aufhing, um sie haltbarer zu machen.

Die Wikingervölker nutzten ihre Handelsbeziehungen nicht nur bei Waffen und Gebrauchsgegenständen. Aus dem Orient importierten sie für die damalige Zeit exotisch anmutende Gewürze wie den schwarzen Pfeffer, Ingwer, Muskatnuss, Kümmel, Anis-Samen, Lorbeerblätter, Safran, Kardamom, Gewürznelken, Muskatblüte und Zimt. Viele Gewürze und für die Heilung verwandte Kräuter wuchsen auch im Norden Europas wild und jene, die es nicht taten, gelangten spätestens zur Römerzeit (aber vermutlich schon viel früher) durch das breite Handelsnetz nach Nordeuropa.

Zu den heimischen und durch Funde aus dem Gebiet des Danelag (der Begriff Danelag wird erst im 11. Jahrhundert für dieses Gebiet verwendet und umfasste Teile der angelsächsischen Königreiche Northumbria und Mercia sowie East Anglia und lag somit im Nordosten Englands) und Jórvíks überlieferten Gewürzpflanzen und Kräutern gehörten Hopfen, Koriander und Dill. Auf Grabhügeln bei Oseberg fand man Meerrettich, Senfkörner, Brunnenkresse und Kümmel. Des Weiteren ergänzten Thymian (in Island blóðberg), Knoblauch (wurde nicht in den Kräutergärten angebaut und musste wild gepflückt werden), Essig, Liebstöckel, Petersilie, Mohn, Rainfarn (Rainfarnkuchen sind kleine Gebäckstückchen, die zum Osterfest verzehrt wurden), Fenchel, Honig, Senfkörner und Pfefferminze den Würz- und Speiseplan.

Man aß auch Wildpflanzen wie Löwenzahn (der Sol geweiht und auch Sunnawirbel genannt, soll blutreinigend wirken) und Sauerampfer, die in den milden Gegenden Skandinaviens zu finden waren. Die Brennnessel (auch Donarnessel), die in der Mythologie dem Donnergott Thor zugeschrieben wurde, wurde ebenfalls verspeist und sollte bei Frauen die Gebährfähigkeit steigern und bei Männern die Potenz fördern, ähnlich wie auch Eberwurz. Vielen Kräutern und Gewürzen, die in der Natur zu finden waren und nicht angebaut wurden, wurden spezifische Fähigkeiten und Heilkräfte zugeordnet bzw. waren sie, wie wir schon gelesen haben, auf die vielfältigen Wikingergötter aufgeteilt.

Norwegen und die Nordatlantische Inselgruppe wie die Färöer Inseln, Neufundland, Britische Inseln, Grönland und Island hatten nur einen dünnen Bestand an natürlichen Gemüsepflanzen. Getrocknete Hülsenfrüchte wurden aus milderen Regionen importiert.

Beeren, Obst, Pilze

Obstbäume (Birne, Kirsche, Pflaume, Apfel) wurden von den Normannischen Bauern überall da angepflanzt und kultiviert, wo es das Klima zuließ. Nach einem Klimawechsel im 10. Jahrhundert konnte man auch weiter nördlich Haselnusssträucher und Apfelbäume finden (in Oseberg z. B. Holzäpfel) und nach Meinung von einigen Archäologen wurde der Apfelanbau an der Niederelbe und in der Normandie von den Wikingern ins Leben gerufen.

Die Sitte, gebratenen Schweinen einen Apfel ins Maul zu stecken, rührt daher, dass er dem Tier in seinem nächsten Leben als Herz dienen sollte, da die Göttin Iduna ihn als Symbol der Auferstehung benutzte. In einem anderen Lied der Edda wirbt Freyr um Gerd mit goldenen Äpfeln und auch sonst ist der Apfel oft als Symbol der Fruchtbarkeit (nicht nur zu Evas Verderbnis im Christentum) in zahlreichen heidnischen Sagas und Mythen vertreten. Speisefrüchte, bevorzugt Waldfrüchte und Beerenobst, wurden in Honig eingelegt haltbar gemacht oder getrocknet. Blaubeeren, Brombeeren, Schlehen und Schwarzbeeren wurden den Sommer über in ganz Skandinavien gegessen.

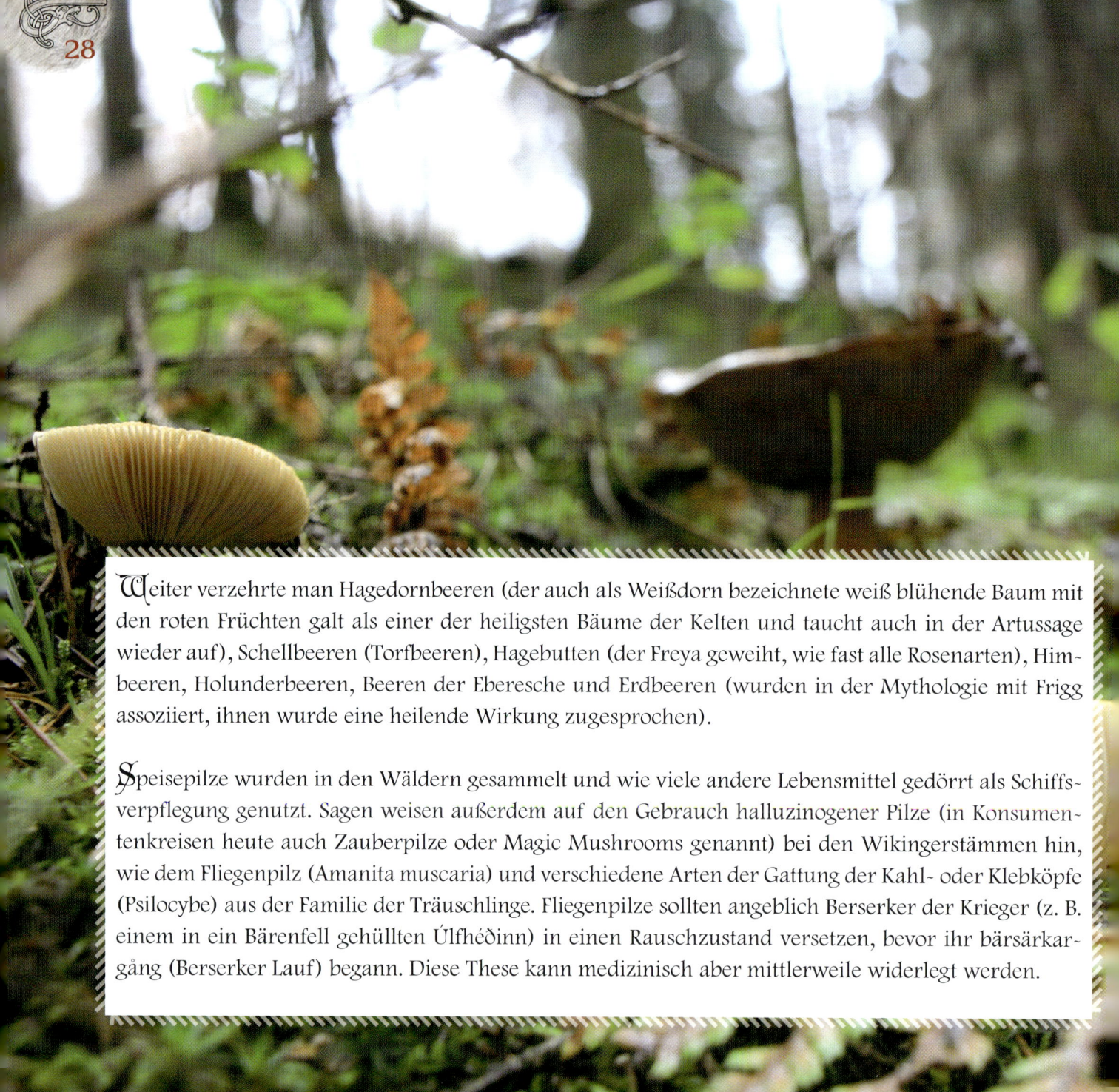

Weiter verzehrte man Hagedornbeeren (der auch als Weißdorn bezeichnete weiß blühende Baum mit den roten Früchten galt als einer der heiligsten Bäume der Kelten und taucht auch in der Artussage wieder auf), Schellbeeren (Torfbeeren), Hagebutten (der Freya geweiht, wie fast alle Rosenarten), Himbeeren, Holunderbeeren, Beeren der Eberesche und Erdbeeren (wurden in der Mythologie mit Frigg assoziiert, ihnen wurde eine heilende Wirkung zugesprochen).

Speisepilze wurden in den Wäldern gesammelt und wie viele andere Lebensmittel gedörrt als Schiffsverpflegung genutzt. Sagen weisen außerdem auf den Gebrauch halluzinogener Pilze (in Konsumentenkreisen heute auch Zauberpilze oder Magic Mushrooms genannt) bei den Wikingerstämmen hin, wie dem Fliegenpilz (Amanita muscaria) und verschiedene Arten der Gattung der Kahl- oder Klebköpfe (Psilocybe) aus der Familie der Träuschlinge. Fliegenpilze sollten angeblich Berserker der Krieger (z. B. einem in ein Bärenfell gehüllten Úlfhéðinn) in einen Rauschzustand versetzen, bevor ihr bärsärkargång (Berserker Lauf) begann. Diese These kann medizinisch aber mittlerweile widerlegt werden.

Fisch und Meerestiere

Funde und Grabbeigaben von Angeln, Netzen und Fischgräten (teilweise auch in Form von Schmuck und Haarkämmen) lassen darauf schließen, dass in Nordeuropa im Wikingerzeitalter sehr rege gefischt wurde und Meerestiere vieler Arten beliebte Nahrungsmittel waren. Fisch war eine alltägliche, in Heldenepen fast nicht erwähnte Speise. Man kochte, röstete und grillte die Fische an Eisenspießen oder briet sie über dem Feuer. In der Region um den Sognefjord in Südnorwegen wurden nach Überlieferungen Fleischbrocken und Fische in Lehm eingewickelt und über erhitzten Steinen gegart. Was man nicht sofort verspeiste, wurde in Salzwasser eingelegt oder getrocknet (Lutefisk oder Dörrfisch) und geräuchert. Eingesalzen wurde aufgrund der aufwendigen Gewinnungsmethode dieses Gewürzes nur wenig und so sind die bekanntesten und heute wie damals beliebten Konserven Klippfisch und Stockfisch.

Folgende Funde in York, dem ehemaligen Königreich Jórvík, der Handelsstadt Haithabu und der im 19. Jahrhundert auf den Shetland Inseln entdeckten Stätte Jarshof sind repräsentativ für den Rest der von Wikingern bevölkerten Küstenländer: Makrele, Hecht, Lengfisch, Heringe, Lachs, Aal, Flussbarsch, Brachsen, Plattfisch, Dorsch/Kabeljau (auf den Lofoten „Skrei" – der reisende Fisch genannt), Uferschnecke, Herzmuschel und Austern. Die Wikinger schienen zudem von den Speisen der antiken Römer beeinflusst zu sein: Liquamen und Garum, eine Art Fischsaucen, wurde verwendet, die schon in der römischen Küche verbreitet waren.

Tierische Eiweiße

Dass die Wikinger große Fleischesser waren, ist bekannt. Dass es nicht alltäglich war, Fleisch zu essen und dies meist anlässlich von Festlichkeiten geschah, ist weniger bekannt. Arbeitskräftige Tiere, die zugleich Woll-Eier-Lieferanten waren, zu schlachten war unwirtschaftlich, auch wenn in den Sagatexten oftmals von Fleischspeisen und verzehrten Tieren die Rede ist (Rigrlied Strophe 4: „Schlemm in der Schüssel ward aufgesetzt, und das beste Gericht war ein Kalb in der Brühe"). Schlachtete man doch, dann waren es Schweine, Ziegen und Rinder, aber auch Schafe, Lämmer und Hammel. Vom Tier wurde im Gegensatz zu heute, wo eingeschweißte Puten- und Hähnchenbrust auf den Tisch kommt, in der Regel alles verwertet. Slátur, Lundabaggar, Svið, Súrsaðir hrútspungar und Pinnekjøtt (im Magen des Schafs gekochte Innereien, sauer eingelegte Innereien, schwarzgesengter, gekochter Schafskopf, in Molke eingelegter Hammelhoden und gepökelte Lammrippen) zeugen davon und sind in Island und Norwegen Speisen für Kenner und Liebhaber, die sich wohl heute nicht so einfach als Fast Food an Touristen verkaufen lassen würden.

Das einzige Haustier der Wikinger, das mit dem Ziel, es zu schlachten, gehalten wurde, war das Schwein (Rigrlied Strophe 12: „Sie legten Hecken an, misteten Äcker, mästeten Schweine, hüteten Geißen und gruben Torf"). Es hat wie viele heilige Tiere einen festen Platz in der germanischen Mythologie. Das Reittier der Freya war ein goldener Eber (Hildeswin), ihrem Zwillingsbruder gehörte ebenfalls ein goldener Eber (Gullinborsti, auch der volkstümliche Name des Krautes Eberwurz) und die im Kampf gefallenen Helden sowie Odins Wölfe Geri und Freki erhielten in Walhalla an seiner statt das gekochte Fleisch des regenerativen Ebers Saehrimnir.

Wussten Sie übrigens, dass man heute junge Schweine als Frischlinge bezeichnet, weil das alemannische Wort für „Opfer" unter anderem „Frising" war?

Götterparade

Es gibt eine Anzahl von wichtigen und bedeutsamen Göttern in der nordischen Mythologie, von denen hier nur die wichtigsten in ihrer prägnantesten Funktion genannt sein sollen.

Odin/Wodan: Der komplexeste Hauptgott der nordischen Mythologie.
Weise, was ihn ein Auge als Pfand kostete, als er einen Schluck aus dem Brunnen des Mimir nehmen wollte. Odin trinkt gerne und scheint außer Met keine Nahrung zu sich zu nehmen. Er reitet den achtbeinig dargestellten Hengst Sleipnir und führt den unbesiegbaren Speer „Gungnir" sowie den Zwergenring „Draupnir". Nach ihm ist unser Mittwoch (Wednesday, Wodenstag) benannt. Zahlreiche Beinamen haften dem Göttervater an und er ist Meister in vielen Disziplinen wie der Dichtkunst. Sein Gefolge sind Walküren, weibliche Geisterwesen, die ihn bedienen und Verstorbene nach Walhall geleiten, seine beiden Wölfe Geri und Freki (der Gierige und der Gefräßige) und die Raben Hugin und Munin (Gedanke und Gedächtnis), die er zum Beobachten in die Welt hinausschickt, um ihm zu berichten. Er ist aber nicht nur Göttervater, sondern auch Gott des Krieges, der Toten, der Magie und der Dichtkunst.

Tyr: Der Gott der Rechtssprechung, der wohl im Laufe einer militarisierten Thingordnung zum Kriegsgott wurde. Tyr ist einhändig, da der Fenriswolf ihm infolge eines Verrats die Hand abgebissen hat, die er ihm zum Pfand ins Maul gelegt hatte. Von ihm leitet sich eventuell unser heutiger Dienstag ab.

Baldr/Balder: Sohn Odins, Gott des Lichtes, der Güte, Schönheit und Reinheit. Er wird auch mit Friedfertigkeit und Treue verbunden.

Frigg: Gemahlin des Odins, höchste Göttin, wird mitunter mit Freya verwechselt.

Iduna: Göttin der Jugend und Unsterblichkeit, Hüterin des Baumes der goldenen Äpfel.

Freya: Göttin der Fruchtbarkeit und Ehe. Entstammt dem Geschlecht der Wanen. Besitzt ein Falkengewand und einen Wagen, der von wilden Katzen gezogen wird. Freya darf die Hälfte der Gefallenen für ihre Dienste beanspruchen.

Heimdall: Schutzgott und Himmelswächter. Hat wohl neun Mütter und einen unbekannten Vater. In der Völuspa (Gedicht der Seherin) wird Heimdall Vater aller Menschen genannt. Seine Sinneswahrnehmungen werden als übernatürlich beschrieben. Er ist der Besitzer des Gjallarhorns und hütet die Regenbogenbrücke Bifröst, die Midgard mit Asgard

verbindet. Heimdall ist der letzte Ase, der zu Ragnarök zusammen mit Loki fällt.

Bragi: Vergötterter Dichter, für Dichtkunst und Poesie zuständig.

Freyr: Der Zwillingsbruder der Freya und ihr Gemahl. Aus dem Geschlecht der Wanen und Gott der schwedischen Könige, auch der Manneskraft und Fruchtbarkeit. Freyr besitzt wie seine Schwester einen Wagen, der vom goldenen Eber „Gullinborsti" gezogen wird. Ihm wird der Wochentag Freitag zugeordnet, außerdem ist das Pferd ein ihm geweihtes Tier.

Njördr: Der Gott des Meeres, Schutzgott der Seefahrer und Beschützer des Ackerbaus. Tritt auch als Windgottheit auf.

Thor: Der Donnergott. Besitzt einen Wagen, der von Ziegen gezogen wird, mit dem er über den Himmel fährt. Seine Waffe ist der Hammer Mjöllnir, der schwer zu kontrollieren ist und Blitze aussendet. Unser Donnerstag (Donar= Thor) ist von ihm abgeleitet.

Loki: Gestaltwandlerischer Gott, der als altes Weib, Fliege, Stute, Adler oder Lachs auftritt; wird als verschlagen, gerissen und intrigant dargestellt. Seine Lügen bringen oft Unheil und Tod über die Götter und er ist bekannt dafür, Zwietracht zu sähen. Brachte selbst Odins Hengst Sleipnir in Gestalt einer Stute zur Welt. Gilt als Erfinder des Fischernetzes. Loki wird dennoch wegen seines Listenreichtums und seiner Kreativität oft als Berater herangezogen. Als Kind von Riesen ist er dennoch ein Ase.

Hel: Tochter Lokis und einer Riesin. Göttin der Unterwelt und der Toten. Das gleichnamige Reich, welches vom Höllenhund Garm bewacht wird, wird ihr zugeordnet. Sie wird dem Riesengeschlecht zugeordnet. Ihr Gesicht wird zweifarbig dargestellt, um eine lebendige und eine tote Seite zu repräsentieren. Hel holt alle Verstorbenen in ihr Reich, die nicht im Kampf gefallen sind. Mörder und Verbrecher erhalten besondere Strafen. Auch Götter sterben, wie man später an Baldr sehen kann. Hels Welt ist neutral und wertfrei und erfährt erst im Zuge der Christianisierung ihre negative Belegung. Ihr Name ist mit dem deutschen Wort Hölle verwandt. Im Märchen der Gebrüder Grimm wird die Gestalt der Hel beispielsweise durch Frau Holle repräsentiert.

Pferdefleisch wurde ebenfalls, am liebsten von den Isländern, gegessen und im Zuge der Christianisierung von Papst Gregor III. im 9. Jahrhundert im Jahr 732 als heidnische Kultpraxis verboten. Die Isländer erstritten sich als einziges unter den heidnischen Wikingervölkern das Recht, es auch weiterhin „offiziell" konsumieren zu dürfen. Damit konnten sie zumindest teilweise ihre Riten weiter ausüben und ihre robusten Ponys, ein lebensnotwendiges Nahrungs- und Transportmittel auf den rauen Inseln, behalten. Vor der Ankunft der Wikinger lebte auf Island nämlich nachweislich nur der Polarfuchs als einziges Säugetier. Die Pferde waren bei den Wikingern heilige Tiere und Opfertiere, Symbole für Schutz und Fruchtbarkeit wie Odins achtbeinig dargestellter Hengst Sleipnir (der Dahingleitende). In vielen Gräbern wurden sie gemeinsam mit ihrem Herrn beigesetzt. Gerne wurden Fohlen von Schimmeln als besonders reine Opfertiere gewählt. Die Totengöttin Hel besaß ein dreibeiniges Pferd (Helhesten), auf dem sie die Toten in die gleichnamige Unterwelt brachte. Opferhengste zu Ehren Odins und Freyrs (z. B. das schwedische Opferfest von Uppsala, welches alle 9 Jahre stattfand) und Hengstkämpfe kamen häufig vor, getötete Tiere wurden verspeist.

Ein auf einen Stock gespießter Pferdekopf, ein Schandpfahl (niðstöng), der mit einem Runenfluch belegt war, sollte in Richtung der Betreffenden gedreht, Unheil über sie bringen. In der Egilssaga findet man z. B. einen solchen Fluch. Man unterschied bei den Wikingern übrigens opferfähige Tiere und nicht-opferfähige Tiere (nicht opfernswerte). Die Wörter haben sich bei uns als Geziefer und Ungeziefer im Sprachschatz etabliert.

Nach Knochenfunden bildete die Rinderzucht die wichtigste Form der Tierhaltung, es wurden aber auch Geflügel wie Hühner, Hähne, Enten und Gänse gehalten. Diese wurden über das gesamte Jahr für Fleisch und Eierproduktion verwendet, da sie leicht zu halten waren und meist frei auf den Höfen umherliefen und sich vermehrten. Hähne und Hühner stellten auch wieder kultische Opfertiere dar und in der Mythologie leitet das Krähen des roten Hahnes Fjalar das Götterschicksal (Ragnarök) der zyklisch aufgebauten Welt der Wikinger ein. In Walhalla leitet es dann der Hahn Gullinkambi (Goldkamm) weiter und ruft die Asen zur letzten Schlacht gegen die Riesen auf. In der Unterwelt singt nach der Völuspa, der Seherin Weissagung, ein schwarzroter Hahn (Strophe 34/35).

Hauptmänner versorgten ihre Krieger – wenn nötig auch durch Raub – immer ausreichend mit frischem Fleisch, da dies als Belohnung galt, motivationsstärkend wirkte und die Leistung und den Mut im Kampf vermehren sollte.

Die Jagd hatte eine relativ große Bedeutung, sowohl als gesellschaftliches Ereignis wie zur Nahrungsergänzung. In allen Kulturschichten der Wikingerzeit finden sich Knochen von Wildtieren. Vögel (auch Seevögel wie z. B. Trottellummen oder Teisten und ihre Eier), Rot-, Elch- und Schwarzwild, Wildkaninchen, Hasen und der Bär waren begehrte, aber eher seltene Speisen, genauso wie der erwähnte Wal.

Die großen Schlachttiere der Wikinger wurden normalerweise im Herbst am Ende einer Saison geschlachtet. Sie hatten dann die beste Kondition und das beste Gewicht. Der „Blutmond", wie der November im frühen und späten Mittelalter noch genannt wurde, war oft der Schlachtmonat. Man musste die Tiere dann nicht noch über einen evtl. harten Winter bringen, wo die menschlichen Ressourcen schon rar genug waren. Da aus Schafwolle aber fast alle Stoffe hergestellt wurden, da Flachs zu viel des knapp bemessenen Ackerlandes eingenommen hätte, ist es wahrscheinlich, dass meist nur alte, schwache und kranke Tiere zum Verzehr auf den Tisch kamen. Für die Schlachtung wurde ein besonderes Haus, das soðhús, verwendet. Verantwortlich für Zerteilung und Konservierung des Fleisches waren die Frauen.

Offenes Feuer versus Ofen – Wie wurde gekocht?

Die Wikingerfrauen kochten in großen geschmiedeten Kesseln Eintopfgerichte und Suppen. Die Küchenutensilien ähnelten denen des Spätmittelalters und auch modernen Töpfen, Tiegeln und Pfannen. Das Feuer selbst wurde als máleldr bezeichnet, was so viel wie „Essensfeuer" bedeutet. Es hatte eine kleinere Flamme als das gewöhnliche Feuer, das zum Beheizen der Behausung verwendet wurde.

Fleisch wurde in der Regel in Speckstein und Tontöpfen gekocht oder zur Zubereitung auch an Spießen über dem offenen Feuer gegrillt oder auf heiß gemachten Steinen geschmort. Manchmal wurden auch erhitzte Steine in die Töpfe gegeben, um z. B. Milch zu erwärmen. Getreide (Gerste, Roggen und Weizen war den Jarls und Adeligen vorbehalten, da es sehr kostbar war) wurde in steinernen Handmühlen zu Mehl gemahlen und daraus Brot, Fladen und Zwieback gebacken, die oft noch ofenwarm verzehrt wurden.

Käse wurde aus Schafs-, Kuh- und Ziegenmilch gemacht. Alkoholische, kalorien- und kohlehydrathaltige Getränke für den Winter (und den Rest des Jahres) wie Met, DAS mit Wikingern assoziierte Getränk, werden sogar in der Edda gerühmt. Honigwein aus vergorenem Honig und Gewürzen (Mjöd) stellt die ausschließliche Nahrung des Asenvaters Odin dar. Er wurde meist aus Südskandinavien importiert da die Bienenhaltung nicht möglich war. Es ist umstritten, ob Wikinger Bienen domestizierten oder wild lebende nutzten.

Auch das aus gemälzter Gerste und Hopfen gebraute Bier (bjórr) war neben dem Met ein Hauptgrund, warum wohl manche Feste der als trinkfreudig bekannten, und von den Christen für diese Maßlosigkeit verachteten Wikingern eskalierten.

Den Braukessel haben die Asen (Götter) der Wikinger einer Edda-Sage nach übrigens von Hymir dem Riesen erhalten. Bier, Met und Äl meinten allerdings nach Alwis, dem Zwerg in der Edda, dasselbe Getränk, als Thor ihn im Alwislied danach fragt. Importweine und Fleisch wurden in großen Mengen verzehrt. Im Alltag tranken die Wikinger aber zumeist Wasser und frische Milch, Buttermilch oder Molke bzw. ein alkoholarmes Bier zum Essen. Anhand von Latrinefunden wird belegt, dass in der Wikingerzeit wohl ein Großteil der Bevölkerung an Parasiten (Würmern) litt. Wasser war vor allem in den dichteren Siedlungsgebieten stark verschmutzt, weswegen der Alkoholkonsum der Wikinger nicht weiter verwunderlich ist. Obstweine wurden zum Ende der Wikingerzeit aufgrund der hohen Beschaffungskosten meist für sakrale Zwecke genutzt oder von sehr Reichen getrunken, die sich auch Weine aus gekelterten Trauben leisten konnten. Dieser wurde aus der Rheinebene eingeführt.

Die wertvolle nährstoffreiche Gemüse- und Kräuterkost der Wikinger wurde durch Zerdrücken und stundenlanges Kochen eher verschwendet, anstatt ihr Potential an Vitaminen auszuschöpfen. Etymologisch beinhaltet unser heutiges Wort Gemüse ‚Mus' (‚Brei'), bedeutet übersetzt also etwa ‚Breierei'; entweder schließt man sich nun der Meinung an, dass dies auf das ahd. ‚muos' (‚Speise, Essen') zurückgeht, oder man sieht den Zusammenhang, dass Gemüse oft in Form von ‚Brei' verzehrt wurde, was die Koch- und Zubereitungs(folter)methoden des Frühmittelalters unterstreicht.

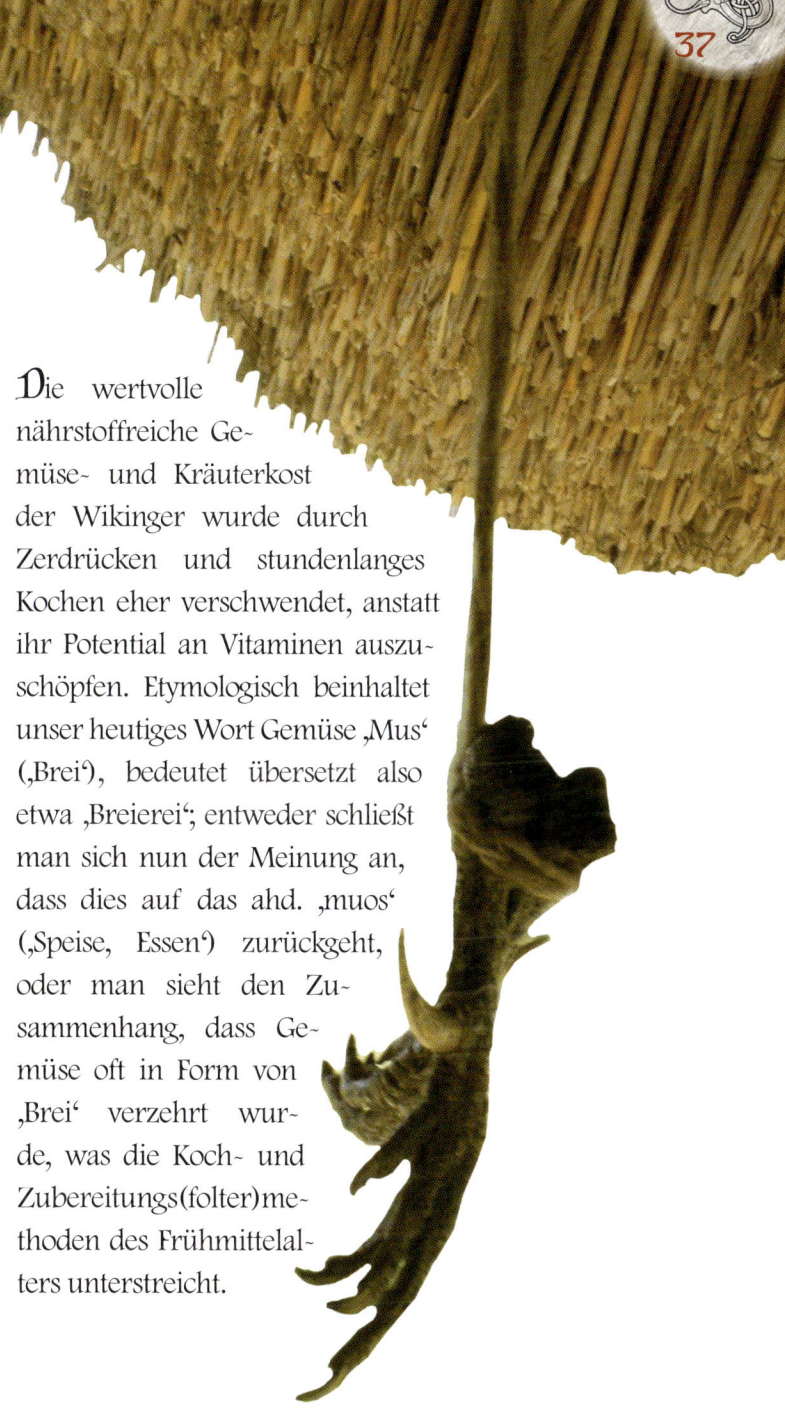

Im späteren Mittelalter (Hochmittelalter) wurde das Zerkochen von Lebensmitteln und Überwürzen zu festlichen Anlässen mit allem was die exotische Gewürzküche hergab allerdings wesentlich intensiver betrieben, sodass vom ursprünglichen Geschmack (und Inhalt) oft nicht mehr viel übrig blieb.

Die Nahrungsmittel wurden mit Salz (meist Meerwasser, da es zeitaufwendig war, das Meerwasser verdampfen zu lassen, was reines Salz zu einem wertvollen Lebensmittel machte) und Gewürzen aber auch konserviert, das Fleisch zudem geräuchert und in Fässern eingepökelt oder einfach zum Trocknen in eine Lehmkammer gehängt. Im nördlichen Skandinavien konnten Fleischwaren aufgrund der niedrigen Temperaturen wie in unserer modernen Zeit eingefroren werden. Fermentation, was uns aus heutiger Sicht vielleicht fremd anmuten mag, war und ist heute noch in Skandinavien bei manchen Gerichten, wie dem traditionellen hákarl (fermentierter Hai), der ohne Fermentation giftig wäre, verbreitet.

Frühmi´s, Fans und Freunde – Wie kocht man in einem Lager „wikingisch"?

Hier nun das, was der „Wiki" oder der „Homi" auf Lager brauchen – in hochdeutsch: hier findet der geneigte Darsteller eines Wikingers oder hochmittelalterlichen Menschen das Rüstzeug für ein befriedigendes Mahl auf einem Markt oder Lager, das man dann nicht wegen Unauthentizität verstecken muss. Dabei denke ich in erster Linie an den frühmittelalterlichen Darsteller, aber was den Wikingern und alten Germanen schmeckte, kann ja für den Darsteller einer späteren Zeit nicht völlig abwegig sein.

Krisen mit ohne Kühlschrank – Wie statte ich meine Lagerküche aus?

Hardware:

Klar ist, nicht alles was man benötigt, besitzt man auch gleich zu Beginn einer mittelalterlichen Darstellung. Da ist so einiges, was man nach und nach anschafft, verwirft, sich wünscht … Also fangen wir mal klein an:

Handschuhe

Wenn jetzt jemand gelacht hat, dann hat er sich noch nie an einem heißen Topf verbrannt, wer geschmunzelt hat, hat schon mal die Erfahrung gemacht. Aber Spaß beiseite, ich habe auch mit Arbeitshandschuhen „Winterausführung" aus dem Baumarkt angefangen und mir vor einiger Zeit „Topflappen-Handschuhe" von einer Filzerin anfertigen lassen – kann ich nur empfehlen. Und ich denke, unsere Vorfahren waren ja auch nicht dumm und haben sich da sicher was einfallen lassen, um sich nicht permanent schwere Verbrennungen zuzuziehen.

Blasrohr

Ein kleines, aber nützliches Utensil ist ein Stück Rohr, damit man das Feuer „anblasen" kann. Eine Seite sollte man dabei ein wenig plätten, um den Luftstrahl genauer nahe der Glut positionieren zu können. Ein Stück Kupferrohr aus dem Baumarkt ist geeignet und ausreichend.

Wasserkessel

Zum Erhitzen von Wasser kann man natürlich auch einen einfachen Topf nehmen. Aber die Heißgetränke lassen sich so einfacher aufgießen.

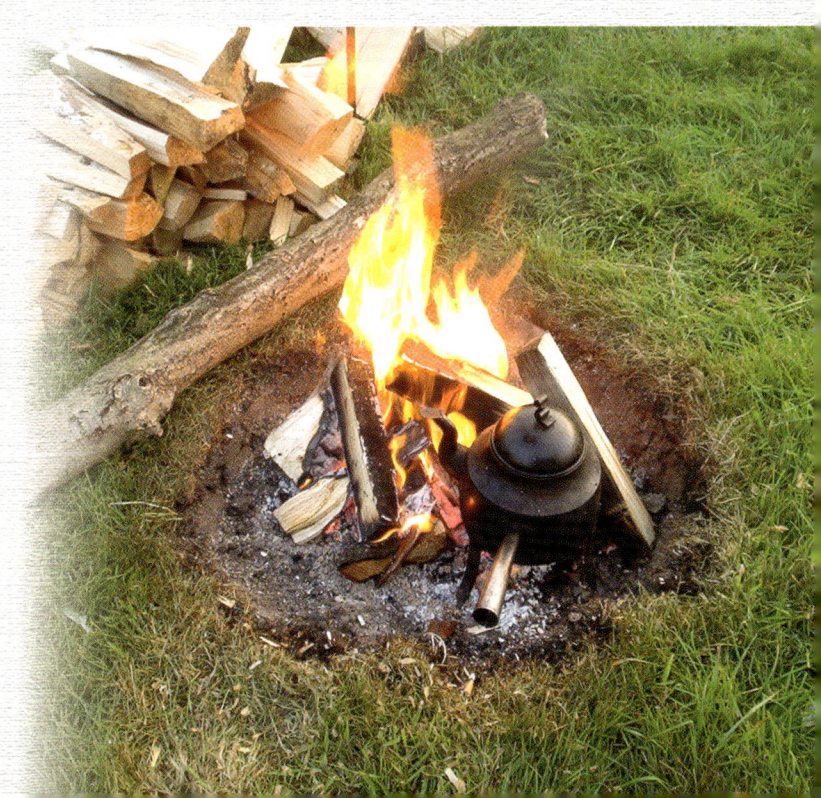

Feuergabel oder Feuerhaken

Dieses Werkzeug sollte man nicht unterschätzen, man muss nicht ins Feuer fassen, wenn ein Scheit verkehrt liegt, kann den Topf bewegen, kann brennende Scheite zur 2. Feuerstelle bewegen, was ohne dieses Utensil unmöglich wäre.

Alternativ ist die Erstellung einer Feuergrube (wenn es erlaubt ist) möglich: Dazu hebt man die Rasennarbe mit einem Klappspaten in gleichmäßigen Stücken aus und legt sie beiseite. Nicht an den Rand der Feuergrube, denn dann würde man die Rasenstücke durch die Hitze zerstören. Besser, man sucht ein paar Steine und befestigt den Rand der Grube damit. So lassen sich auch Feuerstellen für größere Aktionen mit mehreren Töpfen bauen. Und am Ende legt man die ausgehobenen Stücke wieder auf die Grube und von der feurigen Angelegenheit ist so gut wie nichts mehr zu sehen.

Feuerschale

Da auf den meisten Märkten oder Lagern Rasen der Untergrund ist, wird der Einsatz einer Feuerschale meist schon vom Veranstalter vorgeschrieben. Ich habe mit einer „Eggenscheibe" angefangen (schweres Eisen, das nicht gleich durchglüht). Man kann auch eine andere Eisenplatte oder Schale verwenden, diese vielleicht noch auf drei Steine legen, dann ist dem Brandschutz Genüge getan.

Dreibein

Zum Aufhängen von Topf oder Grillrost braucht man ein sogenanntes Dreibein. Beim Schmied bekommt man einfache Modelle schon relativ günstig. Die Baumarkt-Ausführung sollte man von Anfang an meiden, sie sieht schlecht aus und ist auch nicht sehr haltbar. Wer ein wenig mehr Geld investieren kann, sollte sich eine Replik anfertigen lassen.

Topf

Der erste Topf sollte für viele Dinge geeignet sein – zum Suppe kochen, um Fleischtöpfe zu garen und zum Braten, weshalb der Boden möglichst gerade sein sollte. Die Emaille-Töpfe aus dem Baumarkt reichen am Anfang aus, auch wenn sie nicht „A" sind. Bei größerem Budget oder hohem Anspruch sollte man sich einen guten Schmied oder Plattner suchen, der einen Topf in der passenden Größe anfertigt. Da liegt dann aber auch gleich der nächste Fallstrick – wie groß muss der Topf sein? Ich kann aus meiner Erfahrung raten – lieber ein bisschen größer, als zu klein. Für 6–10 Personen sollte man schon einen 8- bis 10-Liter-Topf anschaffen. Grobe Richtlinie – pro Person ein Liter.

Man muss immer bedenken, dass die Rohzutaten einen viel größeren Raum einnehmen als das fertige Gericht. Und Platz zum Rühren braucht man ja auch noch. Im Unterschied zum modernen Haushalt landen in der Regel alle Zutaten in einen Topf, und nicht wie am heimischen Herd in vielen.

Pfanne

Eine Pfanne sollte die nächste Anschaffung sein. Da ist eine Eisenpfanne vom Schmied die beste Wahl. Keine Angst vor dem Reinigen – wenn nicht gerade alles angebrannt ist, sollte man die Pfanne nur auswischen und fettig wegstellen. Wenn man sie wieder braucht, mit Öl ausreiben und schon kann es losgehen. Dann brennt auch nichts so schnell an.

Grillrost

Mal vorweg – ich führe keinen Grillrost mehr bei mir. Wie man sich an einem guten Gericht übersessen kann, so mag ich persönlich das ständige Grillen auf den Märkten nicht. Schaut man bewusst in die Lager – meist hängen Grillroste über den Feuern. Aber wer's nicht lassen kann – bitte.

Küchenausrüstung

Beil und Axt – irgendwie muss das Holz ja zerkleinert werden

Kanister – Wasser muss meist von außerhalb geholt werden. Tipp: Während der Marktzeiten den Kanister zum Wasserholen in einen Jutesack stecken

Schüsseln – Holz oder Keramik

Wasserkrug oder Eimer – während der Marktzeiten darf kein Plastik-Kanister zu sehen sein

Rührlöffel, Schöpfkelle, Pfannenwender

Becher/Tonkrüge – für Getränke/Tischgetränke

Holzschüsseln – zum Essen

Holzteller – zum Anrichten

Holzbrett, Löffel u. Ess-Messer

Küchenmesser – (groß für Brot und Fleisch, klein zum Putzen und Schälen)

Geschirrspülmittel, Bürste oder Lappen

Leinentücher – zum Abdecken von Speisen oder zum Einwickeln von Käse und Brot

Birkenholzdosen – für Trockenvorräte wie Mehl und Graupen

Was man sich von der Sippe schenken lassen kann:

- Mörser
- beschnitze Schalen
- diverse Löffel und Kellen
- handgeschmiedete Messer
- Töpfe

Organisation der Küche

Das Jahr eines Reenactors beginnt meist im frühen Frühjahr, noch vor Ostara (Ostern), mit den notwendigen Reparaturen der Ausrüstung. Wobei wir gleich beim kürzesten Mittelalterwitz sind: „Machen wir im Winter!" Das klappt aus den unterschiedlichsten Gründen meist nicht, also wird es eine Hau-Ruck-Aktion kurz vor dem ersten Markt. Aber sei's drum.

Ich für meinen Teil habe zwei Haushalte – meinen eigenen in der Wohnung und einen fürs „Gerödel" – also die Wiki-Küche. Im Winter vermischt sich dann alles ein wenig und zwei Wochen vor Ostern kommt dann die Aufbruchstimmung – nun muss aber mal wieder die Küche vom Kochgerödel getrennt werden.

Ein wichtiger Punkt ist die Winter-Lagerung der Ausrüstung. Da ein Großteil der Küchenausrüstung aus Holz ist, kann es leicht passieren, wenn die Ausrüstung im Schuppen gelagert wurde, dass im Frühling die Sachen einen grünen Pelzmantel anhaben – sprich schimmlig sind. Ich habe mir angewöhnt, die Holzsachen in luftigen Körben in meinem Schlafzimmer trocken, wenn auch etwas staubig zu lagern und im Frühjahr einer Wellness-Kur in Form von viel Olivenöl zu unterziehen.

Die Keramik jage ich durch die Spülmaschine. Ich verwende Salzbrand-Keramik, da ist das kein Problem. Bei offenporig gebrannter Ware muss man da schon ein wenig vorsichtiger sein. Die ist zwar authentisch, aber leider nicht so haltbar und für meinen fast täglichen Einsatz in der Küche nicht geeignet.

Die Töpfe werden noch mal geschrubbt, geölt und verpackt. Für die Eisen-Sachen habe ich einen großen Kartoffelkorb, in den ich alles einstapeln kann. Auch wichtig – platzsparend packen, das Auto ist eh immer zu klein! Und der Korb dient nach dem Auspacken auf dem Markt gleich als „Versteck" für den Müllsack. Es gibt einen Korb für die Keramik-Sachen, in dem alles gut in frische Handtücher gepackt wird und einen für alle Holzsachen (Brettchen, Schüsseln, Schalen usw.).

Wenn die „Hardware" gepackt ist, geht es an die Lebensmittelvorräte. Dazu wird die Liste von Seite 153 abgearbeitet.

Bei der Verpackung sollte man sich nach und nach Gefäße anschaffen, die sich leicht einpacken lassen, aber auch gleich auf den Tisch kommen können. Am Anfang hatte ich dicht gewebte Leinensäckchen für die Trockenvorräte.

Für eine feste Küche in einem Langhaus ist dies bestimmt gut geeignet. Aber auf Lager, bei wechselnden Witterungsverhältnissen und auch bei Getier, sind feste Behälter schon besser geeignet.

Da ist die erste Wahl die Birkendose. Diese ist leicht und „A". Bei mir sind es meist Keramik-Behältnisse mit Deckel. So lagere ich Mehl, Zucker, Salz, Schmalz, Dinkel und alle Gewürze. Für den „Nachschub" habe ich mir leichte Plastikbehältnisse mit Schraubdeckel zugelegt. So kann man unauffällig die Vorräte auffüllen und alles bleibt auch bei schlechtem Wetter trocken und vor allem tierfrei.

Südfrüchte im September – Was steht mir zur Verfügung?

Nun soll es also losgehen. Einige Dinge muss man sich schon vor Marktbeginn überlegen:

1. Für wie viele Leute wird gekocht?
2. Welche Mahlzeiten müssen geplant und/oder vorbereitet werden?
3. Was soll gekocht werden?
4. Was brauchen wir für das Frühstück?

Danach richten sich die Einkäufe. Ich trenne diese nach „vorher" und „vor Ort".

Natürlich kann man auch „wie ein Friseur" anreisen und dann schauen, was es für Läden in der Ortschaft gibt und wo man was bekommt. Das ist aber nicht meine Art. Ich informiere mich, wenn ich für mehr als 10 Leute zu kochen habe, vorher, was für Einkaufsmöglichkeiten es in oder um den betreffenden

Lagerplatz gibt. Inzwischen bin ich mit einigen Fleischern per „du" und werde auf dem Markt beliefert. Aber so was entwickelt sich nur über viele Jahre und ich freue mich immer sehr, wenn ich nach einem Jahr wieder herzlich begrüßt werde.

Die Vorher-Einkäufe sind in der Rubrik „immer dabei" aufgelistet. Der Einkauf vor Ort richtet sich dann vor allem nach den Rezepten und Frischwaren kauft man auch möglichst dort ein.

Schwer erhältlich sind vor allem in kleinen Orten Waren wie Dinkel, Roggenmehl und Grünkern. So etwas sollte man sich in Großmärkten auf Vorrat besorgen oder eben teuer im Bio-Laden. Inzwischen gibt es auch Versender im Internet, die sich auf solche Produkte spezialisiert haben.

Die Menge der Einkäufe richtet sich nach der Personenzahl, für die gekocht werden soll. Meistens weiß man die genaue Anzahl erst, wenn die Lageristen angereist sind. So gut habe ich meine Leute auch noch nicht erzogen, dass ich mich da auf Voranmeldungen verlassen kann. Deshalb rechne ich immer Voranmeldung + 25 %, damit liegt man meist nicht falsch. Nicht immer ist die Beteiligung auf jedem Lager gleich groß, die Zahl der Esser variiert von 10 bis 60 – dementsprechend muss man dann die Töpfe und Pfannen wählen, die man mitnimmt (wenn man denn eine Wahl hat). Bei der Vorbereitung des Speiseplanes für ein Wochenende überlege ich immer, welches Gericht in welchen Topf kommt, bzw. ob man mit den vorhanden Töpfen und Pfannen die Überlegungen auch umsetzen kann. Wenn ich nur einen Topf zur Verfügung habe, kann ich eben nicht Fleischtopf und Sauerkraut getrennt machen, dann wird es wohl eher ein Szegediner Gulasch (da ist das Sauerkraut gleich mit im Gulasch) geben. Oder ich habe nur eine Feuerstelle, dann wird es auch nichts mit gebratenem Fleisch und Pfannenbrot – außer ich bereite es nacheinander zu. Dieses nur mal als kleiner Denkanstoß, an was man alles denken sollte, wenn man den Menüplan aufstellt.

Gehen wir nun mal davon aus, die Einkäufe sind erledigt. Wohin damit bei 25°C im Schatten? Als mittelalterlicher Darsteller muss man sich da schon was einfallen lassen, außer man hat einen Stromanschluss und damit einen „Kühli" im Zelt.

Grundsätzlich gilt – alles nah an die Erde – das ist immer noch der kälteste Platz. Wer kräftiges Personal, sprich Knecht oder Sklave hat, lässt sich eine Grube graben – und versenkt dann eine wasserdichte Box oder Ähnliches. Regelmäßige Bewässerung sorgt für Verdunstungskälte. Oben werden nasse Tücher aufgelegt. So kann auch Bier und Wasser auf erträglicher Temperatur gehalten werden.

Verderbliche Lebensmittel, insbesondere Fleisch, sollte man täglich verbrauchen. Und für Sonntag sollte man entweder am Samstag vorkochen oder haltbare Fleischsorten wie Kassler verwenden.

Ich habe bei größeren Veranstaltungen ein Vorratszelt, in dem alles gelagert wird, was nicht unbedingt authentisch ist oder eben auf seine Verarbeitung wartet. Bewährt hat sich, dass bei mir alle Behältnisse einen festen Namen haben. Ja, lache der Leser jetzt nur! Es ist fast wie bei IKEA. Meine Sippenmitglieder helfen mir oft oder wechselnde Knechte müssen diese Namen lernen, denn ich kann nicht immer eine detaillierte Beschreibung der Lagerboxen geben, wenn mir jemand etwas bringen soll. Und ich verwende für jedes Lebensmittel immer die gleichen Gefäße. Es gibt eine Birkendose für Zucker, eine für Kaffee, ein Keramikgefäß für Cappuccino, ein Vorratsgefäß für Mehl usw. So kann man sich darauf verlassen, dass nicht Zucker anstatt Salz in der Suppe landet. Oder eben ständig nachgefragt wird, wo sich der Zucker befindet.

Im Vorratszelt gibt es mindestens einen Tisch, um z. B. bei Regen auch einmal im Zelt die nötigen Essensvorbereitungen verrichten zu können. Denn schließlich wollen die hungrigen Mäuler auch bei schlechtem Wetter gefüttert werden.

Bewährt hat sich ein Spültisch, der zum Abstellen des benutzen Geschirrs und zum Abwaschen genutzt wird. Für wenige Esser reicht eine Abwaschschüssel, für viel Geschirr hat sich eine Holzmolle bewährt. Man kann auch eine schöne große Holzschüssel in einem Dreibein verwenden. Wichtig ist auf jeden Fall, dass man alles stehen lassen kann. Der geneigte „Touri" kann ruhig sehen, dass auch bei den Wikingern nur mit Wasser gekocht und eben auch abgewaschen wird.

Besonders schön ist es für jeden Reenactor, wenn man länger als nur ein Wochenende lagern kann. Dann lohnt sich auch ein etwas größerer Aufwand für die Gestaltung einer schönen und gut funktionierenden Küche. Denn nicht nur in der heimischen Küche ist Arbeitsorganisation wichtig. Ich habe mir angewöhnt, meine Küche zu fotografieren. So ist es im nächsten Jahr einfacher, den bewährten Aufbau wieder nachzustellen. Oder eben Fehler zu vermeiden.

Wie schon oben erwähnt, kann man eine Feuerschale verwenden oder eine Feuergrube für die Kochstelle ausheben. Sie sollte so gestaltet werden, dass man kurze Wege von Arbeitstisch und Vorratsbereich zum Kochbereich hat, aber auch der Brandschutz nicht zu kurz kommt. Und leider muss man auch die Neugier der Besucher einplanen.

Ich bin gegen jede Art von Absperrung um die Lager. Die Besucher sollen gern näher kommen und mal die „Nase" über den Topf halten. Das macht ja erst den Reiz eines Marktes aus, dass man mit allen Sinnen das „Mittelalter" erleben kann. Aber es gibt natürlich auch immer wieder mal „Übergriffe" – wo es auch dem geduldigsten Reenactor zu viel wird. Zu diesem Thema ließe sich leicht ein eigenes Buch mit Lagergeschichten füllen (vielleicht schreibe ich das auch noch).

Auf verschiedenen Märkten sind mir noch folgende Varianten über den Weg gelaufen:

- 2 Holzdreibeine mit einer Mittelstange aus Eisen oder Holz, an der die Töpfe an Ketten hängen
- ein Wikingerzelt-Grundgestell mit selbiger Funktionalität
- eine Art Herd in Arbeitshöhe auf einer Sandschicht (Schweden)

Es kann auch in sogenannten „Gargruben" gekocht werden. Dazu wird ein Erdloch von ca. 50 cm Tiefe und Breite ausgehoben (Grassoden aufheben), der Boden mit faustgroßen Steinen ausgelegt und darauf ein Feuer gemacht, bis die Steine richtig heiß sind (ca. 1 h). Nachdem man das Feuer entfernt hat, das Gargut in große Krautblätter wickeln, auf die heißen Steine legen und mit den Grassoden die Grube wieder verschließen. Nach 1–2 Stunden sollte der Braten dann gar sein. Das hängt natürlich von der Größe und Art des Gargutes ab.

Da sind wir auch gleich bei einem entscheidenden Punkt – man kocht ebenerdig. Kochstellen, wie in einer hochmittelalterlichen Schlossküche hatte man im Frühmittelalter noch nicht. Man muss also versuchen, diese Unbequemlichkeit so gut es geht einzuplanen. Ein Hocker oder kleiner Tisch an der Feuerstelle zum Ablegen der Gerätschaften hilft ungemein.

Für eine gute Organisation in der Küche benötigt man einen geeigneten Arbeitsplatz, an dem man nicht nach einigen Minuten bereits Rückenschmerzen bekommt. Ich habe vor einigen Jahren mein Buffet anfertigen lassen, das sich nun schon in jeder Lebenslage bewährt hat. Es ist Stehtisch, Regal, Arbeitstisch und Verkaufsstand in einem. Ebenso sollte ein Tisch vorhanden sein, an dem geschnippelt und vorbereitet werden kann. Und dies sollte möglichst nicht der Esstisch sein, wenn man nicht ständig Geschirr und Zutaten um- und wegräumen will.

Da wären dann noch die „Helferlein" – also das Küchenpersonal. In einer hochmittelalterlichen Hierarchie sollte es an Personal eigentlich (!) nicht mangeln, denn dort gab es Scharen von Bediensteten in den Schlössern des Hochadels. Aber wir sind auf einem Mittelaltermarkt und da ist doch eher das Gegenteil der Fall – viele Hochadelige Darsteller und nur wenig Knechte und Mägde. Aber das muss jede Gruppe für sich entscheiden, wie authentisch man auch in dieser Richtung sein will. Ohnehin bedient bei Bedarf jeder alle Gebiete (bis auf das Kriegertum) und auch eine Jarlsfrau hilft dann in der Küche mit.

In meiner Sippe gibt es einen Jarl mit Frau, Handwerker, Krieger, Knechte und Mägde – also eine klassische Struktur in einer Wikinger-Sippe. Einige von uns bedienen bei Bedarf auch mehrere Gebiete. So ist mir die Jarls-Frau, wenn es nötig ist, eine große Hilfe in der Küche und einer unserer Krieger wird zum Knecht, wenn er nicht gerade am kämpfen ist. Ich denke, das wird auch bei unseren Altvorderen nicht anders gewesen sein.

Für eine Verpflegung von 30 Leuten sollte man zwei Knechte (Holz holen, hacken, Feuer in Gang halten, Wasser holen und für das Bewegen der schweren Töpfe) und zwei Mägde haben (Gemüse, Fleisch schneiden, den Topf rühren, Essen austeilen). Am Anfang habe ich auch versucht, alles allein zu stemmen, aber mit dem Alter kommt die Weisheit! Und ein bisschen Spaß soll ja auch die Küchenarbeit machen. Wenn man am Sonntagabend eines Wochenendes selbst nicht mal eine Marktrunde gemacht hat und völlig übermüdet ins Zelt fällt, hat man auf jeden Fall etwas falsch gemacht, oder? Also lieber eine Person mehr zum Küchendienst einteilen und dann für jeden „Freizeit" geben können.

Das große Fressen

Machen wir uns nichts vor – Kochen ist schön und macht Spaß – aber nur, wenn alle Leute dann beim Essen satt und zufrieden sind. Wie der Künstler seinen Applaus braucht, so benötigt der Koch zufriedene Gäste mit vollen Bäuchen.

Es gibt immer den einen oder anderen Mäkler oder Allergiker (ja, auch an die muss man denken – ich gehöre auch zu dieser Kategorie) und natürlich die lieben „Vegis" (Vegetarier, Veganer) – also ist es mit einem Essen meist nicht getan. Und ich muss ja zugeben, ich habe die Bande auch ganz schön verwöhnt!

Im Lager versuchen wir, neben dem Frühstück, wenigstens eine Mahlzeit als Sippe gemeinsam einzunehmen. Am Anfang meiner Küchentätigkeit in der Wikingerszene wurde ich dafür belächelt, weil es dann doch wie bei einer Rittertafel zuginge. Aber es ist einfach praktisch, wenn alle zur selben Zeit essen und dann alles abgewaschen und weggeräumt werden kann. Auch das Küchenpersonal möchte ja mal Feierabend haben. Ein Freund hat einmal zu mir gesagt: „Du hast dir das anstrengendste Handwerk ausgesucht."

Aber nun zum eigentlichen Essen – unsere Vorfahren haben nur eine warme Hauptmahlzeit gekannt. Diese wurde eingenommen, wenn am späten Nachmittag oder frühen Abend alle Hausbewohner ihr täglich anfallendes Arbeitspensum hinter sich gebracht hatten. Es ist aber auch möglich, dass jeder der nach Hause kam, seine Schüssel füllte und sich dann ans Feuer oder nach draußen setzte. Wer kann das schon wissen?

Für die Zufriedenheit der Reenactor kann man auf jeden Fall sorgen, wenn man morgens die hungrigen Mäuler mit Kaffee und frischen Brötchen versorgt und am Abend noch ein kleiner Imbiss auf dem Tisch steht – für die Nachtschwärmer. Nichts ist lästiger als ein in der Nacht geplündertes oder durcheinander gebrachtes Vorratszelt! Aber wir wollen den Teufel nicht an die Wand malen. Im Regelfall ist jeder „Mittelaltermensch" sehr behutsam und nett zu seiner Köchin – denn sich den Zorn selbiger zuzuziehen, kann sich niemand leisten, der noch einen klaren Verstand besitzt.

Rezepte – Vorwort

Die hier vorgestellten 50 Rezepte sind mit einigen Ausnahmen von Saeta selbst gekocht und im Lageralltag auf offenem Feuer ausprobiert worden. Es dürfte somit auch für eine/n relativ ungeübte/n Koch/Köchin möglich sein, diese Rezepte nachzukochen. Dieses wurde ihr auch schon von verschiedener Seite bestätigt. Dieses Buch entstand ja, um dem mittelalterlichen Darsteller Lust aufs Kochen zu machen!

Für hochmittelalterliche Tafeln hat man ein viel breiter gefächertes Angebot von Speisen und Ausstattung zur Verfügung. Doch dazu gibt es bereits umfangreiche Literatur. Dem hochmittelalterlichen Reenactor sei geraten, sich bei der Lagerküche auch eher auf die einfachen Gerichte zu beschränken, denn die überlieferten Gerichte sind meist in großen Küchen auf Burgen zubereitet worden und deshalb auch kaum für das einfache Lagerleben geeignet.

Die Rezepte sind nicht wie in „modernen" Kochbüchern für 4 Personen ausgelegt. Genau wie im normalen Leben sind auch auf Märkten und Lagern nie gleich viele Personen am Tisch zugegen. Ein Fleischgericht wird dann zubereitet, wenn die Anzahl der Personen das auch zulässt – also wenn die Größe der vorhandenen Töpfe oder Pfannen es hergibt, ansonsten gibt es eine Suppe oder eben ein Gericht, welches in den Topf passt.

Aber natürlich kann man die hier vorgestellten Rezepte auch am heimischen Herd kochen. Dann geht alles ein bisschen schneller und einfacher, da man moderne Küchengeräte und Elektrizität zur Verfügung hat. Also keine Scheu – immer ran an den Herd und ausprobiert. Wenn es zu Hause geklappt und geschmeckt hat, versucht man es dann auch eher am offenen Feuer.

Saeta und Caro

Aber nun lasst uns endlich essen und trinken!
Wohl bekomms und allen viel Spass bei der Vorbereitung des nächsten Lagers, denn: „Nach dem Lager ist vor dem Lager!"

Möhrchensuppe mit Hackbällchen

Suppen

Nahrhafte Gerichte als Vor- oder Hauptspeise

Gemüsesuppe mit Graupen

Zutaten

1 kg	Möhren
6 Stangen	Porree oder Lauchzwiebeln
6–8	große Zwiebeln
1	Kohlkopf
4	Äpfel
2	Kohlrabi
1 Bund	Suppengemüse
1 Handvoll	frische Kräuter
500 g	mittlere Graupen (Perlgraupen mittel)
2	Suppenhühner
	Öl, Pfefferkörner, Salz

Zubereitungszeit ca. 3–4 Stunden (im Lager eine komplette Nachmittagsbeschäftigung) für 10–15 Personen

Zubereitung

Die beiden Hühner waschen und in reichlich Wasser (etwas mehr als bedeckt), Salz, Pfefferkörner, dem geputzten Suppengemüse, 1 Zwiebel und den Enden der Porreestangen ca. 2 Stunden leicht kochen lassen. In der Zwischenzeit die Graupen wässern und das Gemüse putzen und schneiden. Am besten man macht jede Gemüseart in eine Schüssel, weil sie später entsprechend ihrer Garzeit der Suppe hinzugefügt werden.

Nach den 2 Stunden die Hühner aus der Suppe nehmen und etwas auskühlen lassen. Das Suppengemüse und die Porreeteile aus der Suppe fischen und klein schneiden oder weglegen. Die Hühner nackig machen (abpulen), das Fleisch klein schneiden und der Suppe wieder hinzufügen.

Jetzt sind wir nur noch eine Stunde vom Essen entfernt. Aber nicht verzweifeln, das Ergebnis ist lecker. Die geschnittenen Zwiebeln in Öl anschmoren, dann die geschnittenen Möhren hinzufügen und etwas anbraten lassen. Das hat dann meist den Effekt, dass die ersten neugierigen Köpfe in den Topf schauen. Nach ca. 10 Minuten den geschnittenen Kohl und Kohlrabi hinzufügen. Wenn das Rühren nicht mehr richtig funktioniert und die Gefahr des Anbrennens besteht, die Hühnersuppe und danach die Graupen hinzufügen. Die klein gewürfelten Äpfel etwas später hinzugeben. Sie geben den leichten süßen Geschmack, den man in der modernen Küche sonst mit einer Prise Zucker erreicht. Bei Bedarf nun noch Wasser und Gewürze hinzufügen und kochen lassen, bis die Graupen weich sind.

Hinweis

Die Gemüsesorten lassen sich problemlos durch andere ersetzen, aber die angegebenen dürfte es wohl damals gegeben haben. Bei den frischen Kräutern kann man Petersilie, Thymian, aber z. B. auch frischen Löwenzahn oder junge Brennnesseln verwenden.

Nicht zu empfehlen ist die Suppe auf jeden Fall stillenden Müttern. Sie regt die Darmtätigkeit an.

Wildkräutersuppe im Frühling ... mit Brennnesseln, Löwenzahn, Sauerampfer

Zubereitung

Die Zwiebel in etwas Butter glasig garen, dann die gut gewaschenen gehackten Kräuter zugeben und zusammenfallen lassen. Auf kleinem Feuer garen lassen, Wasser zufügen und ein bisschen einkochen lassen. Nach Geschmack ein wenig Honig zufügen. Am Ende Sahne dazu und mit den Gewürzen abschmecken.

Zutaten

	Wildkräuter wie oben oder andere ungiftige Kräutlein
1	Zwiebel
	Roggenmehl
	Honig
	Salz, Pfeffer
	etwas Butter
	Sahne oder Met

Info

Hier kann ich euch leider keine Mengenangaben machen. Es kommt auf die Menge der gesammelten Kräuter an. Man braucht schon ganz imposante Berge, um damit ein paar Leute satt zu bekommen. Ich fand das Sammeln als Ausgleich zum Kochen sehr schön. Vielleicht kann man ja auch ein paar Mitstreiter gewinnen, die sich in die Wiesen begeben. Und nicht wundern: Wildkräuter machen gut Luft!

Leberknödelsuppe für ca. 4 Personen

Zutaten

150–200 g	Leber
5	alte Brötchen (oder Toastbrot)
1	Zwiebel
	ordentlich Petersilie
1 l	Fleisch- oder Gemüsebrühe

Zubereitung

Die Leber wird durch den Wolf gedreht oder anderweitig sehr klein gehackt. Die Brötchen werden in etwas Milch eingeweicht und ein paar Minuten stehengelassen. In einer Pfanne die klein gehackte Zwiebel anschwitzen und Petersilie hinzufügen. Dann alles zusammenmischen. Mit 2 Löffeln Klöße formen und ca. 10–15 Minuten langsam in der Brühe kochen lassen. Am besten man nimmt einen sehr breiten Topf, da die Klöße nach einer Weile oben schwimmen.

Info

Die Klöße bleiben nicht rund und werden um einiges größer. Man kann sie auch nur in gesalzenem Wasser kochen und als Einlage für eine klare Suppe verwenden. Sie sind sehr nahrhaft.

Möhrchensuppe mit Kraut

Zutaten

10–15	große Möhren
3	Zwiebeln
250 ml	Sahne
	Brühe
	Salz, Pfeffer, 3 Lorbeerblätter
2 Tassen	Sherry
1	Weißkohl
1 Tasse	Essig
	Zucker, Salz, Brühe, Öl

Zubereitung

Die Zwiebel abziehen, klein schneiden und in Öl andünsten. Anschließend die geschälten und klein geschnittenen Möhren zugeben und mitschwenken. Dann das Ganze mit Wasser übergießen, bis die Möhren ca. 1,5 cm unter der Wasseroberfläche sind. Die Lorbeerblätter und etwas Salz dazugeben, das Wasser zum Kochen bringen und so lange köcheln lassen, bis die Möhren gar sind. Den Topf vom Feuer nehmen, die Lorbeerblätter herausfischen und das Ganze vorsichtig pürieren (auf Lager mit einem Stampfer). Sobald die gewünschte Konsistenz erreicht ist, Sahne und Gewürze unterrühren. Anschließend mit Salz, frisch gemahlenem Pfeffer und Brühe abschmecken.

Während die Suppe köchelt, den Weißkohl putzen und in Streifen schneiden. Danach in einem separaten Topf mit Öl kurz anschwitzen. Mit Sherry und dem Essig schnell ablöschen. Der Kohl muss in sich zusammenfallen. Zucker und Salz kann man schon beim Einkochen dazugeben. Gegebenenfalls immer noch einmal nachwürzen – der Kohl sollte einen kräftigen Gegenpart zur cremigen und milden Suppe bilden. Wenn man eine Variante mit Hackfleisch für die Fleischesser machen will, einfach den Kohl weglassen.

Zum Servieren die Suppe in Teller geben, drei gut gehäufte Esslöffel vom angedünsteten Weißkohl in der Mitte der Suppe anrichten.

Tipp:
Das Originalrezept ist mit Pastinaken, was ja auch furchtbar A(uthentisch) ist, aber leider nicht so kostengünstig. Aber schmeckt ebenfalls sehr lecker. Ich muss zugeben, dass ich bisher die Möhren zu Hause gekocht und püriert habe, dann eingefroren und so mit auf Lager genommen habe. Vereinfacht die Kocherei ungemein und begeistert auch „Nicht-Möhren-mögende-Menschen", da die säuerliche Kohleinlage das Ganze sehr pikant macht.

Zwiebelsuppe

Zutaten

100 g	Speck
1–2 kg	Zwiebeln
	etwas Mehl
1 l	Brühe
	Gewürze (Salz, Pfeffer u. a. nach Geschmack)
	Weißbrot (wenn vorhanden)

Zubereitung

Den Speck im Topf auslassen, die Zwiebeln in Ringe oder Halbringe schneiden und anbraten. Wenn die Zwiebeln glasig oder auch schon ein bisschen braun sind mit Mehl bestäuben und würzen. Wenn die Zwiebeln anfangen anzubraten, Brühe auffüllen und kochen lassen, bis die Zwiebeln richtig gar sind. Nicht A, aber sehr lecker ... Weißbrot oder Brötchen in kleine Würfel schneiden und in Butter knusprig braten und beim Servieren in die Suppe streuen.

Hinweis:
Die Suppe schmeckt auch noch, wenn sie länger auf dem Feuer stehen muss. Wer sie vegetarisch haben möchte, lässt den Speck weg und fängt mit Öl an.

Lammfleischsuppe

Zubereitung

Für diese Lammfleischsuppe können Sie das Gemüse nach Geschmack variieren. Árni Tryggvason, der mit 82 Jahren älteste Einwohner Islands, würzt diese Suppe nur mit Salz. Gemüse und Fleisch, so sagt er, haben Aroma genug, um eine schmackhafte Suppe zu ergeben. Setzen Sie das Lammfleisch in kaltem Wasser auf und bringen sie zum Kochen. Den Schaum wiederholt mit einem Schaumlöffel abschöpfen, bis sich keiner mehr bildet. So wird die Brühe am Ende klar. (Wenn kein entsprechender Löffel vorhanden ist, ist sie eben nicht klar – was am Geschmack nichts ändert!)

Währenddessen die Möhren und den Sellerie schälen und in Würfel von etwa 1 cm Kantenlänge schneiden. Den Weißkohl in Streifen schneiden. Wenn sich kein Schaum mehr bildet, gibt man die Gemüsesorten zu dem Fleisch in den Topf. Schwach salzen. Etwa 60 Minuten im halb geschlossenen Topf bei kleiner bis mittlerer Hitze schwach kochen lassen.

(Mit Erlaubnis von ARTE)

Zutaten für 6–8 Portionen:

1 kg	Lammfleisch mit Knochen
7 große	Möhren
1 kleine	Knolle Sellerie
½ Kopf	Weißkohl
	Salz

Kürbis-Apfel-Suppe mit Nüssen... der Hit zu Samhain (Halloween)

Zubereitung

Es war einmal ein Gemüse-Kürbis, von dem man oben einen Deckel abgeschnitten hatte ... so fangen Märchen an, oder? Das Ergebnis der Kocherei war aber auch wirklich märchenhaft. Fragt die Gäste auf der Eyneburg in Belgien zu Samhain 2004!!
Aber jetzt ernsthaft:

Das Innere des Kürbis ist voller Kerne, diese sollte man möglichst aus dem Fruchtfleisch lösen und in einer Pfanne trocken rösten lassen (dauert eine Weile, aber das Ergebnis ist lecker zum Knabbern! Irgendjemand sitzt immer am Feuer herum, der kann die Pfanne halten und aufpassen. In der modernen Küche hat man ja dafür den Herd).

Das feste Fruchtfleisch mit Messer oder Löffel (hier muss mal ein Stahllöffel herhalten) aus dem Kürbis schälen und würfeln. Die Äpfel ebenfalls schälen, entkernen und würfeln. Die Früchte in den Topf geben und kochen lassen. Der Kürbis gibt meist genug Flüssigkeit ab, man braucht also kaum Wasser zufügen. Sollte die Flüssigkeit nicht reichen, etwas Apfelsaft oder Apfelwein zugeben. Gesüßt wird mit Honig, je nach Geschmack. Ein wenig Salz sollte man auch zugeben. Wenn die Früchte gar sind, abschmecken und den von mir geliebten Geschmacksverstärker Sahne zufügen.

Die Suppe beim Servieren mit Nüssen bestreuen – ersatzweise auch mit den gerösteten Kürbiskernen.

Hinweis:
Man kann die Suppe auch gut kalt als Nachtisch servieren.

Zutaten

1	Kürbis
10	Äpfel
	Nüsse
	Honig
	etwas Salz
	Apfelsaft/Apfelwein
	etwas Sahne

Pflaumensuppe ... warm und auch kalt zu essen

Zubereitung

Die Pflaumen entkernen und halbieren. Mit ein wenig Wasser und Zucker zum Kochen bringen. Man braucht am Anfang nicht viel Wasser, da die Pflaumen ihren Saft beim Erhitzen abgeben. Wenn genügend Flüssigkeit vorhanden ist, die Grütze und noch etwas Wasser zugeben. Wenn die Grütze quillt, immer gut aufpassen, dass nichts anbrennt. Nach und nach Wasser zugeben, bis eine sämige Suppe entsteht. Den Honig zugeben und mit Zucker abschmecken. Wie lange man das Ganze kochen lässt, hängt vom individuellen Geschmack ab, je länger man es kochen lässt, desto mehr ähnelt es nach dem Erkalten einer Marmelade.

Zutaten

2–3 kg	Pflaumen/Zwetschgen
	Zucker
4 Eßl.	Honig
200 g	Hafergrütze oder Gerstengrütze
	Wasser

Hinweis:
Als Ergänzung zu Hirsebrei kann man es auch am nächsten Tag noch gut verwenden.

Brotsuppe

Zubereitung

Das Wasser mit der Brühe zum Kochen bringen. In der Zwischenzeit: Das Brot zerkleinern und in kaltem Wasser einweichen bis man es zerdrücken kann. Brot mit einer Gabel leicht ausdrücken und in eine große Schüssel geben. Die Butter schmelzen lassen und dazugeben. Die Eier, den Majoran und das Kräutersalz dazugeben und alles gut vermischen. Wenn das Wasser kocht, die Brotmasse langsam hineingleiten lassen, z. B. mit einer Kelle. Gut rühren bis zum Grund des Topfes!! Sollte die Suppe zu dick werden, ein bisschen Wasser zugeben. Zum Schluss die Sahne und die Kräuter dazugeben. Die Suppe dann ruhig ohne Feuer noch ein bisschen ziehen lassen. Abschmecken muss man nach Gefühl, der Salzgehalt hängt stark von dem verwendeten Brot und dem Speck (siehe unten) ab.

Zutaten

1 kg	Brot
300 g	Butter
8	Eier
8 Teel.	Majoran
8 Löffel	Gemüsebrühe (oder selbst gekochte Brühe)
5 große	Zwiebeln
5 Teel.	getrocknete Kräuter (oder Kräutersalz)
3 l	Wasser
300 ml	Sahne
jede Menge	Wildkräuter oder Gartenkräuter
400 g	Speck oder Schinkenspeck

Hinweis:

Damit die Männer nicht völlig enttäuscht sind – hier eine Variante mit ein bisschen Fleisch: Speck oder Schinkenspeck auslassen und mit den gehackten Zwiebeln schmoren lassen, dann in oder über die Suppe geben. Man kann auch Wiener Würstchen oder Knacker darin erhitzen und auf den Teller füllen – der Phantasie sind keine Grenzen gesetzt.

Sauerkrautsuppe
für ca. 16 Personen

Zubereitung

Das Fleisch mit reichlich Wasser, Suppengrün und den Gewürzen zum Kochen bringen und eine Stunde köcheln lassen (eher länger, wenn`s auf offenem Feuer gekocht wird).

In einem anderen Topf die klein gehackten Zwiebeln mit dem Speck in Schmalz anbräunen und dann mit Mehl bestäuben (aufpassen, dass es dann nicht anbrennt).

In der Zwischenzeit das Fleisch und das Suppengrün aus der Brühe nehmen und klein schneiden. Dann kann das klein geschnittene Fleisch und Suppengrün zusammen mit allen anderen Zutaten (den Speckzwiebeln, dem Sauerkraut und den klein geschnittenen Würstchen) in die Brühe gegeben werden.

Das ganze 30 Minuten bis eine Stunde köcheln lassen, je nach Größe des Feuers und der Konsistenz der Zutaten.

Zutaten

1 kg	Rindfleisch (Kochfleisch)
1 kg	Schweinerippen
1 kg	Suppengrün
	Gewürze
8	Lorbeerblätter
8	Nelken
4 Teel.	Pfefferkörner
4 Teel.	Salz
4 Essl.	getrocknete Pilze (wenn vorhanden)
4	große Zwiebeln
400 g	durchwachsener Speck
4 Essl.	Stärke oder Mehl
2 kg	Sauerkraut (am besten nicht ganz so sauer)
8	Mettwürstchen geräuchert

Hinweis:
Wie immer bei offenem Feuer sind die Zeitangaben Richtwerte, besser mehr Zeit einplanen. Manchmal muss man beim Abschmecken mit ein wenig Zucker und Sahne am Ende nachhelfen. wenn das Kraut zu sauer war.

Beilagen

Zu Hauptspeisen oder einfach zwischendurch

Buchweizengrütze

Zubereitung

Die gewaschene Grütze in knapp ½ l siedendes Salzwasser geben, verrühren, das Fett zugeben und alles langsam auf kleiner Flamme garen, bis die Grütze aufgequollen ist. Dann im Wasserbad weitergaren. Die gare Grütze mit Butter oder Schmalz, ausgelassenem Speck oder auch mit Quark vermengen.

Zutaten

300 g	Buchweizengrütze
30–40 g	Schmalz oder Butter
	Salz

Hinweis

Ich habe die Grütze nach dem ersten Aufkochen kurz köcheln lassen, dann nur heiß gestellt (im Lager am Rand des Feuers auf heiße Steine stellen).
Als Beilage sehr sättigend. Wenn man die Grütze mit Gemüse serviert, ist es ein bekömmliches (z. B. auch vegetarisches) Gericht.
Buchweizen bekommt man dort, wo man russische Lebensmittel kaufen kann.

Eierkuchen im Frühling
... mit Brennnesseln

Zutaten

½ l	Milch
6	Eier
300 g	Weizen/Roggenmehl
3 Essl.	Honig
½ Teel.	Salz
	etwas Butter
	Brennnesseln

Zubereitung

Mehl und Salz mit ein wenig Milch glatt rühren und mit den Eiern verquirlen. Die restliche Milch zugeben und zu einem glatten Teig verrühren. Die frisch gepflückten jungen Brennnesseln (dann brennen sie auch beim Pflücken nicht!) gründlich waschen, etwas klein hacken und unterrühren.

Eine Messerspitze Butter schmelzen lassen und eine Schöpfkelle voll Teig backen. Der Teig sollte beim Schwenken gerade den Boden der Pfanne bedecken. Wenn der Teig goldgelb ist, wenden und die zweite Seite backen.

Hinweis:
Man kann diese herzhaften Eierkuchen auch als Beilage zu Fleisch reichen oder mit Quark bestreichen.

Sauerteigbrot

Zutaten für 2 Brote

650 g	Roggenmehl
½ Würfel	Hefe (kann, muss aber nicht
500 g	Weizenvollkornmehl oder Dinkelmehl
1 ½ Essl.	Salz
1 Teel.	Koriander

Zubereitung

Sauerteig ansetzen: ca. 50 g Roggenmehl mit Wasser mischen bis ein Brei entsteht und stehen lassen, bis es anfängt zu quellen und sauer zu riechen – kann ein paar Tage dauern.

1. Tag   1 Portion Sauerteig (ca.50 g), 350 g Roggenmehl, ½ l lauwarmes Wasser gut durchkneten und bis zum nächsten Tag ruhen lassen.

2. Tag   2 x 50 g Sauerteig abnehmen!! (1 x zum Verschenken, 1 x für das nächste Brot)   den restlichen Sauerteig mit ½ l lauwarmen Wasser in dem die Hefe aufgelöst ist, 250 g Roggenmehl, 500 g Weizenvollkorn oder Dinkelmehl und dem Salz in einer großen Schüssel vermengen. Am Ende die gewünschten Gewürze oder Zutaten unterheben. Alles gut durchkneten, 1 Stunde gehen lassen – nochmals durchkneten.

Zu Hause:

- in 2 gefettete Kastenformen verteilen und ½ Stunde gehen lassen
- Ofen auf 200 °C vorheizen, ca. 1 ½ h backen, dabei ein Gefäß mit Wasser in den Backraum stellen
- Ofen abschalten und Brote noch ca. 15 Minuten im Ofen lassen
- aus der Form nehmen und zum Abkühlen auf ein Gitter stellen

Im Lager:

- in dünne Fladen ausrollen oder ziehen und in der Pfanne backen
- Alternativ kann man ein Brot auch in der Glut backen. Dazu einen Eisentopf mit Brotteig in die Glut stellen, Deckel drauf und ebenfalls Glut oben drauf. Für ein Kilobrot muss man zwischen 45–60 Minuten einkalkulieren. Aber auch hier gilt: probieren geht über studieren.

Nach Geschmack:

Schinken, Käse, geröstete Zwiebeln, Knoblauch, Leinsamen, Sesam, Sonnenblumenkerne, Kürbiskerne, Nüsse, Wasser.

Hafergrütze
... mit Kirschen oder anderem Obst

Zubereitung

Die Hafergrütze mit dem Wasser und ein wenig Salz aufs Feuer stellen und regelmäßig umrühren, um zu sehen, ob sie schon quillt. Nach ca. 45 Minuten dürfte sie dann dick sein. Jetzt den Honig und das Obst zugeben. Am besten frisches Obst der Saison. Ich habe mal (sorry!) Kirschen aus dem Glas genommen. Frische sind natürlich genauso geeignet.

Zutaten

250 g	Hafergrütze
1 l	Wasser
	Salz
	Honig
1	Glas Kirschen (Schattenmorellen)

Hinweis:
Man kann die Grütze auch deftig, mit Speck, machen.

Saeta's Pfannenbrot

Zubereitung

Aus den beiden Mehlsorten, den Eiern und der Milch einen zähflüssigen Teig machen. Milchmenge ist deshalb nicht angegeben – muss man einfach sehen, wie dünn man ihn haben will. Das Grundrezept ist wie bei Eierkuchen, allerdings muss man diesen Teig gut gehen lassen, also mindestens eine halbe Stunde, damit die Bindekraft des Mehls sich entwickeln kann. Man kann auch nur Roggenmehl oder eine andere Mehlsorte nehmen, sollte dann aber probieren, wie lange er stehen muss, damit er auch zusammenhält (mehr Eier geben immer mehr Bindung).

Alle Gemüsesorten, die Zwiebeln und Kräuter schön klein hacken, damit sie auch gar werden. Das Rezept lässt sich ohne Ende verändern, je nach Angebot von Gemüse und Kräutern. Alles gut vermischen und nach dem Gehen lassen möglicherweise noch ein wenig Mich nachgeben, damit man den Teig gut mit der Kelle in die Pfanne bekommt. Wenn man den Teig abschmeckt, sollte er würzig/kräutrig, scharf bzw. pikant schmecken, nicht süß.

Dann gutes Gelingen!

Zutaten

300 g	Weizenmehl
300 g	Roggenmehl
3	Zwiebeln und/oder Knoblauch
2 Hände voll	Möhren oder anderes Gemüse sehr fein schneiden
	wahlweise Nüsse, Haferflocken, Salz/Pfeffer/Gewürze
1 Essl.	Zucker
6–10	Eier
	Milch
	frische Kräuter
	Öl zum Braten

Hinweis:
Ganz wichtig auf Lager – benutzte Küchengeräte sofort (!!) einweichen oder abwaschen – wenn man da etwas stehenlässt, kann man später Häuser daraus bauen!
Wir machen das Pfannenbrot als Beilage zu Fleisch, besonders begeistert sind die Esser aber immer, wenn ich Kräuterquark dazu mache, dann haben auch gleich die Vegis was davon.
Im Gegensatz zu den oft gemachten Fladenbroten bleibt dieses Brot weich und ist auch kalt sehr lecker (kann man dann auch vorbereiten). Leider (lach) bleibt nie was übrig! Da muss man schon beim Braten einen Wachhund anstellen.

Semmelknödel

Seit diesem Jahr der Favorit bei den Beilagen zu Fleisch – ist natürlich nicht für unsere Darstellungszeit belegt, aber alle Zutaten waren auch schon damals vorhanden – also warum nicht. Schriftliche Erwähnung erstmals im Tegernseer Kloster im 14. Jahrhundert. Wird sowieso nur zu Festtagen gemacht, weil es wirklich viel Arbeit macht. Und man sollte die Arbeit früh beginnen.

Zutaten

30	trockene Brötchen
1 Stück	Butter
1–1,5 l	Milch
1 Bund	Petersilie
	Semmelmehl
	Mehl
	Pfeffer/Salz
	Zwiebel
10	Eier

Zubereitung

Die trockenen Brötchen würfeln und in eine sehr große Schüssel geben. Nebenbei die Milch mit der Butter erwärmen bis die Butter flüssig wird (nicht kochen!).

Die Zwiebeln sehr fein würfeln und in ein wenig Butter glasig dünsten.

Dann die Milch mit der Butter in der großen Schüssel über die trockenen Brötchenwürfel geben und ziehen lassen, bis die Masse weich genug zum Verrühren ist. Nach dem groben Vermengen noch mal kurz ziehen lassen. Die Gewürze, die fein gehackte Petersilie zugeben und die Eier unterrühren. Wieder ein wenig ruhen lassen und dann entscheiden, wie viel Semmelmehl und/oder Mehl nötig ist, um eine gute Bindung zu erhalten.

Wichtig beim Drehen der Knödel – vor jedem Knödel die Hände in eine Schüssel mit Wasser stecken! Sonst werden es keine schönen runden Knödel. Wir machen sie mit einem Durchmesser von ca. 5 – 6 cm. In Bayern werden sie traditionell größer gemacht, brauchen dann natürlich auch länger zum Garen. Am besten alle Knödel fertig drehen und auf ein Brett legen. Während die Knödel gedreht werden, einen großen Topf mit Wasser zum Kochen bringen, dann das Feuer ein wenig wegziehen, dass das Wasser nur noch ganz leicht köchelt und die Knödel vorsichtig hinein geben. Wenn sie oben schwimmen noch kurz ziehen lassen, dann sind sie gut.

Hinweis:

Wenn man sicher gehen will, dass die Knödel gut zusammenhalten und gar sind, die Probe mit dem ersten gedrehten Knödel machen, dann kann man noch was am Teig machen, ehe man alle Knödel „versaut" hat.

Kräuterquark
(zu Grillfleisch oder Brot)

Zubereitung

Quark mit den restlichen Zutaten vermischen, am Ende die Zwiebeln unterheben.

Zutaten

1 kg	Magerquark
500 g	Joghurt natur
200 g	Sahne
5	große Zwiebeln
	Salz, Pfeffer
1 Essl.	Zucker
	Kräuter aus dem Garten (Petersilie, Schnittlauch, Pimpernelle, Bärlauch, oder andere) – je nach Saison

Zutaten

1 Schüssel	Sauerampfer
1–2 Essl.	Honig
	etwas Pflanzen-Öl
	Pfeffer
	etwas Salz
	eine Handvoll Nüsse

Sauerampfer-Pesto für Grill-Fleisch

Zubereitung

Nüsse und Ampfer im Mörser zerkleinern, mit den anderen Zutaten zu einer sämigen Masse verrühren und kräftig würzen. Das Fleisch damit mehrere Stunden marinieren. Das Saure macht das Fleisch mürbe und es nimmt die Gewürze besser auf.

Der Jahreszyklus der Seefahrer, Händler und Bauern

In ihrem zyklischen Jahresablauf, der auch die Götterwelt stark mit einbezieht, waren die Wikinger nicht permanent unterwegs auf Beutezug, sondern verbrachten die meiste Zeit des Jahres in einer landwirtschaftlichen Kultur mit Bewirtschaftung und Lebenserhaltung. Lediglich drei Monate (wenn man nicht vom Winter überrascht wurde), ab Juni meist, wurden die Raubzüge begonnen. Die Daheimgebliebenen erledigten zu der Zeit die wichtigsten Aufgaben: Getreideernte und das Heuen.

Im Norden lebte man von Viehzucht, auch Weiden im Gebirge – so eine Alm nannte und nennt man in Norwegen immer noch Seter – Getreideanbau, Jagen und Fischen. Der kurze Wikinger-Sommer begann im April. Die skandinavischen Bauern verbrachten dann viel Zeit auf ihren Feldern, stachen Torf und reparierten das, was der Frost beschädigt hatte, wenn sie nicht gerade mit Haus- und Holzarbeiten oder Schiffsbau beschäftigt waren. Angebaut wurde Roggen, Flachs, Gerste und Hafer. Gemüsefelder und Kräutergärten sorgten für die übrigen Nährstoffe. Im Mai sammelte man die Eier der brütenden Seevögel und es war Zeit, die Schafe zu scheren. Die Schafe, Rinder und Ziegen, die mit dem Heu des letzten Jahres im Stall überwintert hatten, trieb man für die Zeit von Juni bis September auf Gebirgsweiden und man stellte auf den Hochalmen Käse und Milchprodukte her. Hunde waren treue Hirten, Schutz und Begleiter auf der Jagd. Schmiede verbrachten zum Teil mehrere Wochen in Hochmooren, um Eisenerz zu gewinnen.

Fischer fingen im Meer und den Fjorden Dorsche, Lachse und Forellen. Robben/Seehunde, Walrösser und Wale wurden auf den Färöer Inseln und in Island harpuniert oder in den übrigen Teilen Skandinaviens mit Netzen und Speeren gejagt. Walfische wurden als zufälliger „Strandfund" aufgegriffen, da Netze und Speere sehr ineffektiv bei den großen Säugern waren. In Buchten getriebene getötete Wale wurden in Island teilweise zu Tran verarbeitet und aus ihren Knochen konnten Gebrauchsgegenstände gefertigt werden.

Wildtiere wie Bären (im hohen Norden auch Eisbären), Rot- und Elchwild sowie Rentiere wurden von den Jägern wegen ihrer Felle, die einen großen Tauschwert besaßen, und des Fleisches wegen gefangen, für Kaninchen und Eichhörnchen gab es selbstgebaute Fallen. Die Pelzjäger waren ganzjährig tätig und brachten Felle vom Rotfuchs, Marder, Zobel, Bisam, Hermelin und Luchs mit. Gefangene Falken wurden europäischen Adligen zur Jagd verkauft.

Gewöhnlich begann die Jagdsaison mit dem Herbstopferfest oder der Tag- und Nachtgleiche im September, bevor der lange Winter im Oktober mit Dunkelheit und klirrender Kälte Einzug hielt. Was geschlachtet und konserviert werden musste, wurde in dieser Zeit erledigt und die Wikingersippen feierten zunächst noch ihre Feste, wie die für Herbstbeginn oft angesetzten Hochzeiten, bevor die besinnliche Zeit anbrach und das Leben sich hauptsächlich in den Häusern abspielte, wo man allen erdenklichen Handwerkstätigkeiten nachging. Im Mittwinter feierte man das Julfest und erlebte danach abermals eine dunkle und oft hungrige Zeit, bis der Frühling anbrach.

Fleischlose Gerichte

Für den kleinen und großen Hunger

Vegetarische Buletten

Zubereitung

Grünkern in Wasser ansetzen und kurz aufkochen lassen, dann beiseite stellen zum Ausquellen. Das macht man am Besten einen Tag vorher. Für den Teig den Grünkern mit Eiern, sehr klein gewürfelten Möhren und Zwiebeln mischen und würzen. Um eine Bindung zu erhalten, so viel Mehl zufügen, wie nötig. Dann den Teig ein wenig ruhen lassen. Zuletzt die frischen gehackten Kräuter zugeben. In heißem Fett kleine Buletten (Frikadellen) knusprig braten. Mit Kräuterquark servieren.

Hinweis:
Sollte die erste Runde zerfallen, dem Teig noch ein wenig Mehl oder ein Ei zufügen. Übrigens schmecken auch die kleinen Krümel so gut, dass nie was davon übrig bleibt.

Zutaten

300 g	Grünkern (ganze Körner) alternativ auch Dinkel etwas Mehl
3	Eier
2	Möhren (alternativ Pilze, Gemüse der Saison)
2	Zwiebeln
	Salz, Pfeffer
	frische Kräuter
	Butter oder Öl zum Braten

Zutaten

2–3	Zwiebeln
Ca. 1000 g	Saisongemüse wie z. B. Rüben, Möhrchen, Pastinaken, Spinat und Lauch
	Salz
1 l	Honigwein

Götterspeise
(In Met gekochtes Gemüse)

Zubereitung

Zwiebeln schälen und in Ringe schneiden. Das Gemüse würfeln. Nun werden die Zwiebeln in einer ausreichend großen Pfanne oder einem Topf angebraten und dann das Gemüse mit Ausnahme des Lauchs hinzugegeben. Nach ein paar Minuten mit 500 ml Met ablöschen und mit Salz würzen. Dann sanft kochen lassen, bis es „al dente" ist; dabei immer wieder Honigwein zugeben, um den Flüssigkeitspegel am Boden zu halten und ein Anbrennen zu vermeiden. Nach ca. 15–20 Minuten wird der Lauch beigefügt. Die auf dem Boden angesammelte Flüssigkeit lässt man verkochen.

Sollte Met übrig sein – Prost!

Gemüsespieße – Vegi-Schaschlik (1 Person)

Zubereitung

Zwiebeln in Viertel, Möhren in Scheiben, Äpfel in Spalten usw. schneiden und abwechselnd auf die Stäbchen stecken, scharf abwürzen und auf dem Grill oder in der Pfanne braten. Kurz vor Ende der Garzeit gehackte Kräuter darüber streuen.

Zutaten

	vorhandenes Obst und Gemüse (Möhren, Kohlrabi, Apfel, Birne, Porree, Zwiebeln)
3	Schaschlik-Stäbchen
	etwas Salz, Pfeffer
	frische Kräuter

Hinweis

Dazu passt Fladenbrot und ein „Joghurt-Dip" (dazu mischt man dem Naturjoghurt Kräuter und Sahne bei).

Dinkelsalat für 4-6 Personen

Zubereitung

Den eingeweichten Dinkel mit dem Einweichwasser 30 Minuten kochen, dann ausquellen lassen. Wenn er gar ist, abtropfen lassen. (Man kann ihn auch schon einen Tag vorher machen, dann gibts keinen Stress, wenn er nicht gleich ausquillt.)

Die restlichen Zutaten dazugeben, dann mit dem Dressing mischen und durchziehen lassen.

Zutaten für den Salat

500 g	Dinkel (über Nacht einweichen)
10	Möhrchen (in kleine Scheibchen oder Würfelchen geschnitten)
4	Zwiebeln (fein gehackt)
300 g	vorhandenes Gemüse (Rettich, Gurke u. ä.)
300 g	Schafskäse (in Würfelchen geschnitten)
5	hartgekochte Eier, gewürfelt

Zutaten für das Dressing

2	Becher Crème fraîche
6 Essl.	Essig (Weinessig)
3	Knoblauchzehen (klein gehackt)
2 Teel.	Senf
2 Teel.	Majoran
	Salz, Pfeffer, Zucker
etwas	Petersilie oder andere vorhandene Kräuter

Hinweis:
Der Salat lässt sich natürlich auch ohne Crème fraîche zubereiten. Dann nimmt man zu den Gewürzen etwas weniger Essig und ein wenig Olivenöl, damit es RUND wird. Der Salat ist gut als Sättigungsbeilage auf Lager geeignet, da er einen hohen Nährwert hat. Wir haben Buletten dazu gebraten – das kann man wirklich als gelungene Kombination bezeichnen. Und die Vegis haben so auch keine Probleme.

Gefüllte Quarkknödel

Zubereitung

Quark mit Gries, Mehl, Ei, Salz und Zucker mischen. Kleine Menge mit einem Löffel abstechen und platt drücken. Dann darauf ein wenig Marmelade geben und kleine Knödel formen. Das ist nicht ganz einfach, denn die Marmelade sucht sich ständig einen Weg nach „draußen".

Nebenher Wasser zum Kochen bringen und die Knödel hineingeben. Wenn sie oben schwimmen noch kurz ziehen lassen, dann sind sie gut. Wenn alle Knödel fertig sind, in einer Pfanne Butter schmelzen und darin die Semmelbrösel goldgelb rösten, dann die Knödel darin wälzen und sofort servieren.

Zutaten

400 g	Magerquark
80 g	Gries
100 g	Mehl
1	Ei
	Salz
1 Teel.	Zucker
	Marmelade
	Butter und Semmelbrösel

Pastinakengemüse

Zubereitung

Pastinaken sind wie Möhren zu behandeln, schälen, in Würfel schneiden und in wenig Wasser garen. Sie fühlen sich beim Schälen und Schneiden ein wenig schwammig an, sind aber extrem lecker, wenn sie gekocht sind. Ich koche sie nur kurz (5–10 Minuten), schwenke sie dann noch in ein wenig zerlassener Butter.

Info:
Die fleischige Wurzel, auch Moorwurzel, Hammel- oder Hirschmöhre genannt, zählte bis Mitte des 18. Jahrhunderts zu den wichtigsten Grundnahrungsmitteln in Deutschland. Kartoffel und Karotte verdrängten sie von ihrer Spitzenposition. Der Bauern war die siebenmonatige Wartezeit von der Saat bis zur Ernte einfach zu lang

Honigmaronen für 3-4 Personen
(Rezept von einem anderen Koch)

Zubereitung

In einer Pfanne den Honig langsam zum Kochen bringen. Nun die Esskastanien solange im Honig schwenken, bis keiner mehr auf dem Pfannenboden zu sehen ist. Der Honig wird schneller aufgesogen, wenn man die Maronen vorher kurz erhitzt. Man kann sie auch gut zu deftigen Fleischspeisen reichen.

Zutaten

2–4 Essl.	würziger Waldhonig
500 g	vorgekochte Esskastanien

Pilzköpfe mit Knoblauch

Zutaten für 4 Personen als Vorspeise oder vegetarische Hauptspeise

Zutaten

20	große, braune Pilzköpfe (z. B. Champignons, Steinpilze)
2	Zwiebeln
2	Knoblauchzehen
	Salz, Pfeffer
	ausreichend Butter
75 g	Pinienkerne
	1 großer Bund Petersilie
	etwas Thymian

Zubereitung

Die Pilze werden geputzt, die Stiele entfernt. Den frischen Knoblauch in einer Schüssel fein hacken. Dann wird das Salz zugefügt und mit einem Löffelrücken mit dem Knoblauch zu einer Paste zerdrückt. Butter, gehackten Thymian, Kerne und gehackte Petersilie dazugeben. Ein Stückchen Butter in der Pfanne erhitzen und die Pilze mit der Kopfseite nach unten dazugeben. Eine halbe Minute braten und mit dem Löffel das Kräuterbutter-Knoblauch Gemisch in die ausgehöhlten Pilzköpfe geben. Nun werden die gefüllten Pilze gebraten, bis die Butter durch die Pilze tropft (1 bis 5 Minuten, je nach Größe). Sofort servieren und mit frischem Brot die Knoblauchsäfte aufsaugen.

Gebackene Zwiffl für 4 Personen
(Gebackene Zwiebeln)

Zutaten

600 g	Zwiebeln
40 g	Butter oder Schmalz
1 Essl.	Honig
⅛ l	Weißwein
	Salz
4 Essl.	süße Sahne
2 Essl.	gehackte Kräuter

Zubereitung

Die Zwiebeln schälen und in gut 1 cm dicke Scheiben schneiden. Das Fett zerlassen, den Honig darin auflösen und die Zwiebelscheiben zugeben. Kurz anbraten, den Wein zugießen und zugedeckt 20–30 Minuten schmoren lassen. Salzen, mit der Sahne binden und mit den Kräutern abschmecken.

Info:
Das Gericht hört sich erst einmal etwas komisch an, aber es ist sehr lecker zu Fleisch oder zu Brot. Und das Beste – auch die kalten Reste schmecken – als Brotaufstrich.

Gelbe Ruben
(Junge Möhren)

Zutaten

750 g	junge Möhren
1	Zwiebel
50 + 20 g	Schmalz oder Butter
	etwas Wasser oder Brühe
	Salz
1 Teel.	Zucker (oder etwas Honig)
⅛ l	Sahne
	eine Handvoll Petersilie
	Majoran, Pfeffer

Zubereitung

Schmalz im Topf zerlassen, die jungen Möhren, oder besser Karotten, nur waschen und ganz mit der fein geschnittenen Zwiebel in den Topf geben. Mit Zucker (Honig) und Salz würzen und zugedeckt 5 Minuten lang schmoren lassen – öfter schwenken oder schütteln, bis sich etwas Flüssigkeit gebildet hat (wenn nicht, etwas Wasser oder Brühe zugeben). Dann weiterschmoren lassen.

Nach ca. 10 Minuten die Sahne, die gehackte Petersilie und Majoran zugeben, mit Pfeffer abschmecken und ohne Deckel unter Schütteln den Saft einkochen lassen. Mit Butter durchschwenken und servieren.

Info

Man kann auch normale Möhren verwenden. Ich schneide sie dann in kleine Stifte. Das ist nicht gerade ein Rezept für eine Diät, aber wer das einmal gekocht hat, wird es mögen. Man kann die Fette etwas reduzieren, indem man am Schluss die Butter weglässt.
Nach Philippine Welser „De re coquinaria" (Kochbuch).

Selbst war die Frau

Die Wikinger waren wie alle archaischen Kulturen zum allergrößten Teil auf eigene Erzeugnisse angewiesen. Lebensmittel, Kleidung, Waffen und Schmuck sowie Handelsware aus Holz und Eisen und fast alles aus ihrem täglichen Gebrauch wurde von ihnen selbst angebaut und hergestellt und jeder Mann war Jäger, Kürschner, Schneider und was noch anfiel zugleich. Es gab jedoch in Städten und an Handelsplätzen auch spezialisierte Handwerker. Neben ihrem Vielgötterglauben und den dazugehörigen Gebräuchen und Ritualen war ihre Familie und Gemeinschaft ihnen das Wichtigste, denn innerhalb der Gruppe waren sie stark (auch Frauen, wenn sie über Monate ohne Männer im Dorf waren) und gegen Angreifer gewappnet.

Ihre Gesellschaftshierarchie gliederte sich in:

- Bondi (freie Männer mit Grundbesitz)
- Jarl (Häuptlinge und Könige)
- Thraell (Sklaven)

Die Rechtssprechung wurde gegen Mittsommer in einer sog. Thingversammlung, ähnlich einer Demokratie, in der Nähe von Kultstätten abgehalten. Daneben war das Thing wichtig für Handelsdebatten und religiöse Angelegenheiten.

Die Wikinger bewohnten, wie die alten Siedlungsüberreste zeigten, kleine Dorfzusammenschlüsse, der von drei bekannten Häusertypen bekannteste und überwiegende waren „Langhäuser". Sie bestanden aus Holz mit einer zentralen Halle, in der sich das soziale Leben abspielte. Dort wurde gekocht, gegessen, geschlafen und gespielt. Der Boden war aus Lehm und in der Mitte des Raumes brannte ein offenes Feuer, welches in diesen fast fensterlosen Bauten Licht und Wärmequelle war und zudem als Kochstelle fungierte. Der Rauch zog über der Herdstelle durch ein Loch im Dach direkt ab. Brennholz wurde im Sommer in den Gebirgen geschlagen, wo man auch Holzkohle für die Schmiede herstellte. Manchmal gab es an den Seiten des Langhauses kleine Nebenräume, in denen ebenfalls gekocht und gestickt/gesponnen wurde.

Die sechs verschiedenen Kunststile, die sich während der Wikingerzeit im Handwerk herausgebildet haben: Oseberg, Borre, Jelling, Mammen, Ringerike und der Urnesstil, begegnen uns in

Ausgrabungen in Form von reichhaltig verzierten Waffen, Runensteinen, Kämmen, Holzarbeiten und Schmuck.

Die norwegischen Stabkirchen in ihrer einzigartigen Bauart verweisen in ihrer Ornamentik an den Portalen und Pfeilern noch heute zahlreiche Pilger an die „Barbaren-Künstler".

In Wikingerfamilien genoss die Frau hohes gesellschaftliches Ansehen im Gegensatz zu Frauen in anderen Kulturen dieser Zeit und sie lebte relativ uneingeschränkt, auch wenn sie sich ihren Ehemann in der Regel nicht selbst aussuchen konnte und die Ehen zum Zweck des Friedens oder der Besitzvermehrung durch Mitgift und Brautpreis einer Sippe bzw. Zeugung von Nachwuchs geschlossen wurden. Aufgrund der hohen Sterberate von Kindern im Mittelalter war zahlreicher Nachwuchs sehr wichtig für den Bestand der Sippe und die soziale Absicherung vor allem der Frau. Prof. Rudolf Simek zeigt in seinem Buch „Die Wikinger" auf, dass Runensteine, die von Frauen in Auftrag gegeben wurden, oftmals als Zeugnis für die Erbfolge gelesen werden können.

Das prächtigste erhaltene Hügelgrab der Wikingerzeit war das der Königin Åsa in Oseberg, es enthielt unter anderem mehrere Schlitten und eines der mit 22 m gefundenen, größten und schönsten erhaltenen Wikingerschiffe als Grabbeigabe, anhand dessen man die Spuren des gesellschaftlichen Lebens und die Stellung dieser hochadligen Frau gut ablesen kann, die mit einer Sklavin oder einer Verwandten beigesetzt wurde.

Bis ein Mann zum Heiraten gefunden wurde, stand die Frau unter der „munt" des Vaters. Freien Wikingerinnen war es aber bevor die Christianisierung einsetzte, gestattet, sich von ihren Männern scheiden zu lassen (oder umgekehrt). Das aber auch nur, wenn diese sie schlecht oder unzureichend behandelt oder versorgt hatten oder zeugungsunfähig waren. Die Frau hatte Anspruch (auch im Todesfall, was sehr oft vorkam, in dem sie oft die vollständige Position ihres Ehemannes übernahm und ihn inklusive eigenem Landbesitz und Befehlsgewalt über Sklaven beerben konnte) auf eine Art Entschädigung oder sogar auf die Hälfte seines Hab und Guts, wenn sie ihn mit den gemeinsamen Kindern verlassen hatte. Dennoch hatte der Mann das Recht auf Nebenfrauen oder die Tötung oder Aussetzung eines behinderten oder unehelichen Kindes bzw. seiner Ehefrau und ihres Geliebten im Fall des Ehebruchs.

Die Frauen waren die stolzen „Hüterinnen des (Herd-) Feuers" und der Traditionen und viele Seherinnen (Völven) und Zauberer in der nordischen Mythologie und Skaldendichtung waren weiblich, wie etwa die drei Nornen Urd, Skuld und Verdani in der Edda oder die Liebes-, Ehe- und Fruchtbarkeitsgöttin Freya oder die Todesgöttin Hel. Auch werden die in der Schlacht gefallenen Krieger, die Einherjer genannt werden, von weiblichen Geisterwesen aus dem Gefolge des Göttervaters Odin, den Walküren, ins Heldenreich Walhalla geleitet.

Neben Nähen, Sticken und dem Weben von Textilien aus Schafswolle und Flachs gehörte auch das Versorgen des Viehs, die Erziehung der Kinder (das Recht über die Kinder besaß allerdings der Mann, insofern er sie als Vater anerkannt hatte) und das Kochen sowie das Bierbrauen zu den Aufgaben der Wikingerfrau.

Einen großen Teil ihrer Zeit verbrachten die Frauen der Familie gemeinsam am Herdfeuer. Um die täglichen harten Arbeiten zu verrichten, kann keine Rede von einem anämischen, schwächlichen Weib ohne Selbstbewusstsein sein, wie wir es mitunter in der Darstellung adeliger Damen des Hochmittelalters finden. Wer nicht anpacken

konnte und in der Lage war, einen Hof selbstständig zu bewirtschaften, war kein nützliches Gesellschaftsmitglied.

Üblicherweise wurden an einem Wikingertag zwei Mahlzeiten eingenommen, die von den Frauen zubereitet wurden. Die erste, das Frühstück oder dagverdamál genannt, am Morgen ein paar Stunden nach Beginn der täglichen Arbeit und die zweite, das Abendbrot oder in der Entsprechung náttmál, nach der Arbeit gemeinsam am Abend. Die Zeiten variierten wahrscheinlich je nach Jahreszeit und somit Tageslichtzeit.

Die Kinder halfen auf dem Hof bei den täglichen Arbeiten und beim Zubereiten der Speisen genauso mit wie die Erwachsenen, wurden aber als eigenständige Wesen betrachtet, die das Erwachsenenalter noch nicht erreicht haben. Wenn die Männer auf See waren, blieben die Frauen als ihre Vertreterinnen daheim und kümmerten sich um den Hof, verhandelten mit Händlern und verteilten Aufgaben an die Sklaven.

113

Fisch

Was das Meer so zu bieten hat

Da Saeta selbst auf Lager sehr selten Fisch zubereitet, hier ein paar schöne Rezepte von anderen Köchen zum Ausprobieren:

Kveitesuppa – Norwegische Heilbuttsuppe

Zubereitung

Den Fisch putzen, aber die Haut nicht entfernen. Ihn dann in kleine Stücke schneiden. Die Graupen und das klein geschnittene Wurzelgemüse werden im kochenden Salzwasser gekocht, bis sie weich sind. Zum Schluss werden die Zwiebeln (feingehackt) dazugegeben.
In einem Topf das Wasser erhitzen und den Essig, die Lorbeerblätter und etwas Salz zugeben. Die Heilbuttstücke zugeben und 6 bis 8 Minuten kochen, dabei den Schaum abschöpfen. Die Flüssigkeit bis auf einen kleinen Rest in einen anderen Topf geben, den Fisch in der restlichen Flüssigkeit zur Seite stellen. Die Pflaumen und Rosinen zur Flüssigkeit in den zweiten Topf geben und erhitzen. Butter und Mehl vermischen und damit die Suppe vorsichtig binden, dann 5 Minuten köcheln. Den Fisch zugeben und mit Honig und Salz abschmecken.
(Originalrezept: Nach der Homepage des Landes Island)

Zutaten

750 g	frischer Heilbutt
10	Trockenpflaumen
50 g	Rosinen
2	Lorbeerblätter
	kochendes, gesalzenes Wasser
500 g	Graupen (fein)
2	Steckrüben
4	Möhrchen
3–4	Zwiebeln
1–2 Teel.	Honig & Essig

Fiskekaker – norwegische Fischfrikadellen

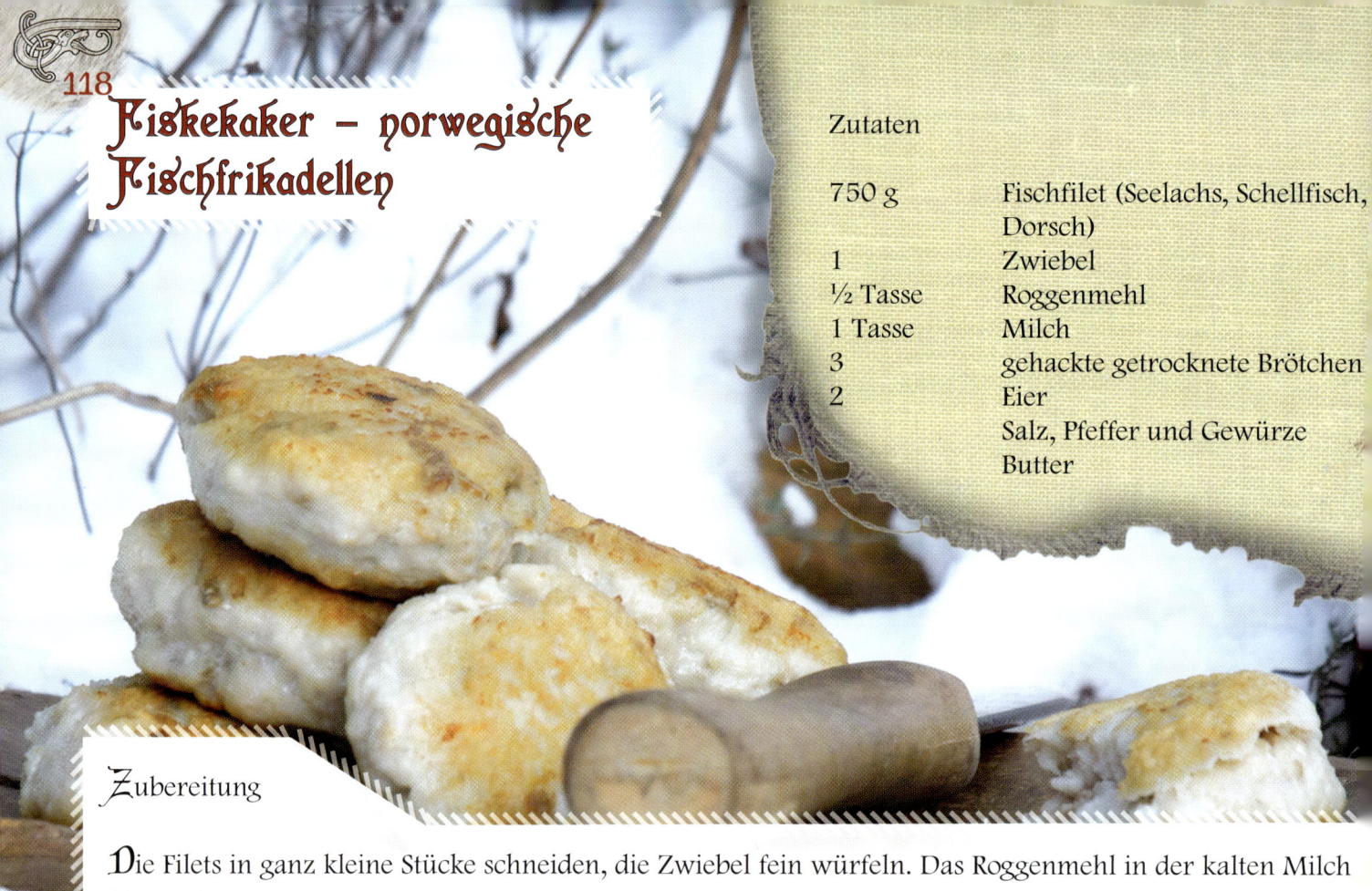

Zutaten

750 g	Fischfilet (Seelachs, Schellfisch, Dorsch)
1	Zwiebel
½ Tasse	Roggenmehl
1 Tasse	Milch
3	gehackte getrocknete Brötchen
2	Eier
	Salz, Pfeffer und Gewürze
	Butter

Zubereitung

Die Filets in ganz kleine Stücke schneiden, die Zwiebel fein würfeln. Das Roggenmehl in der kalten Milch klümpchenfrei verrühren. Die Fischschnipsel mit der Zwiebel, der Milch-Mehl-Mischung und ca. 1 Tasse des klein gehackten Brötchens, sowie den Eiern verrühren. Dann sollte die Masse gewürzt werden. Da das Roggenmehl seine Bindekraft erst nach einiger Zeit erreicht, die Masse eine Viertelstunde stehen lassen. Nun noch einmal alles gut durchmischen und flache Buletten formen. Diese noch in den Semmelbröseln wenden, damit eine schöne knusprige Kruste entsteht. In der Butter langsam auf beiden Seiten braten, damit sie auch innen gar werden. Bei der angegebenen Menge habe ich 20 Buletten erhalten.

Tipp:
Wenn man ganze Fische kauft und selbst filetiert, braucht man ca. 2 kg Fisch. Dann kann man aus den „Abfällen" noch einen prima Fischfond kochen, um eine Soße zu machen.

Forelle mit Kräutern

Zutaten

	Pro Person eine kleinere Forelle
1 Bund	Zitronenmelissenblätter, etwas Mehl
	Öl, Butter oder Bratenfett
	Salz

Zubereitung

Jeden Fisch putzen, salzen und in die Bauchhöhle die Melisse füllen. Die Forellen im Mehl wälzen und das Öl in der Pfanne erhitzen. Nun den Fisch 5 Minuten von jeder Seite braten, bis er gut durch ist. Dann heiß mit Brot servieren.

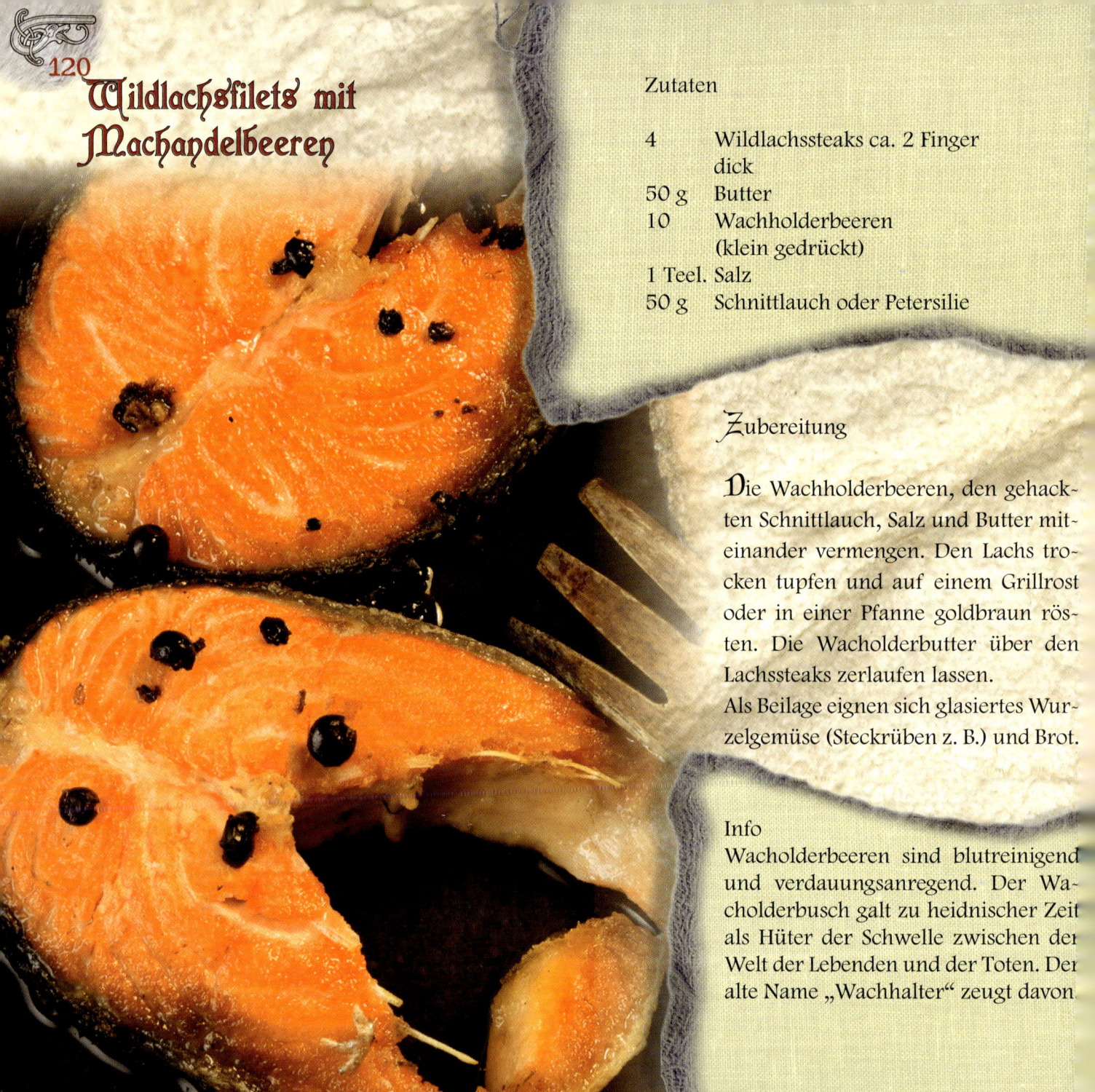

Wildlachsfilets mit Machandelbeeren

Zutaten

4	Wildlachssteaks ca. 2 Finger dick
50 g	Butter
10	Wachholderbeeren (klein gedrückt)
1 Teel.	Salz
50 g	Schnittlauch oder Petersilie

Zubereitung

Die Wachholderbeeren, den gehackten Schnittlauch, Salz und Butter miteinander vermengen. Den Lachs trocken tupfen und auf einem Grillrost oder in einer Pfanne goldbraun rösten. Die Wacholderbutter über den Lachssteaks zerlaufen lassen.
Als Beilage eignen sich glasiertes Wurzelgemüse (Steckrüben z. B.) und Brot.

Info

Wacholderbeeren sind blutreinigend und verdauungsanregend. Der Wacholderbusch galt zu heidnischer Zeit als Hüter der Schwelle zwischen der Welt der Lebenden und der Toten. Der alte Name „Wachhalter" zeugt davon

Fiske Bollur – Isländische Fischbällchen

Zutaten

1	Kabeljau-Filet
1	Seewolf-Filet (Steinbeißer-Filet)
1 Essl.	gelbes Senfpulver
1 Essl.	braunes Senfpulver
1	Knoblauchzehe
1 Teel.	Frisch geriebene Muskatnuss oder Engelwurzpulver (wenn frisch, NUR junge Blätter und wenig verwenden!)
	Salz, Pfeffer
2–3	Eier
	Semmelbrösel
	Schweineschmalz oder Butter

Zubereitung

Vorsichtig die Haut der Filets entfernen und den Fisch würfeln. Senfpulver, den Pfeffer, Engelwurz und Salz zusammen mit dem Fisch und der Knoblauchzehe (bitte vorher hacken) vermengen. Einige Minuten kühl stellen. Wenn die Masse kühl und fest ist werden mit den Händen Fischbällchen geformt und diese in geschlagenem Ei und Paniermehl gedreht. In eine tiefe Pfanne Öl geben bis der Boden ca. zwei Finger hoch damit angefüllt ist. Nun ca. 10 Minuten erhitzen bis das Öl siedend heiß geworden ist. Die Bällchen im Öl frittieren, bis sie goldbraun geworden sind. Heiß oder kalt servieren.

Fleischgerichte

Für tapfere Krieger und solche
die es werden wollen

Kaninchen in der Pfanne
für 5-6 Personen
(oder drei ganz Verfressene)

Zubereitung

Das gewaschene und trocken getupfte Kaninchen in Teile zerlegen (sehr publikumswirksam, wenn man das im Lager macht!) und mit Salz und Pfeffer würzen. Öl erhitzen in einem nicht zu kleinen Topf oder einer tiefen Pfanne (wenn sie zu flach ist, brät das Fett so schnell weg). Die Teile hineinlegen und nun braucht man nur noch ein wachsames Auge und ab und zu wenden, bis alles gar und schön knusprig ist. Geschmortes Gemüse dazureichen.
(ca. 1 ½ Stunden)

Zutaten

1 Kaninchen
Salz, Pfeffer
etwas Öl

Hinweis:
Eigentlich reicht das eigene Fett, um das Kaninchen zu schmoren, aber man kann auch ab und zu ein bisschen Wasser dazugeben, damit es nicht anbrennt. Das Feuer sollte man gleichmäßig und klein halten. Gut ist, wenn man einen Topf mit Deckel hat, dann wird es schneller gar. Zum Ende der Garzeit sollte man dann aber den Deckel weglassen, damit eine schöne Bräunung entsteht.

Fleischtopf mit Rotkohl
für ca. 10 Personen

Zubereitung

Die Zwiebeln grob hacken und in dem heißen Öl anbraten. Fleisch dazugeben und schmoren, dann würzen. Das Gulasch gibt genügend Wasser ab, aber man sollte trotzdem gut aufpassen, dass es nicht anbrennt. Den Rotkohl in kleine Würfel schneiden und im letzten Drittel der Garzeit dazugeben. Wenn vorhanden, Fleischbrühe, ansonsten Wasser zugeben und garen. Am Ende Sahne zugeben und abschmecken.

Zutaten

- 4 kg Gulasch oder Fleisch im Stück
- 2 kg Zwiebeln
- 1–2 Rotkohl
- Öl, Sahne
- Salz, Pfeffer
- Küchenkräuter

Hinweis:
Der Rotkohl macht den Fleischtopf saftiger und auch ein wenig gesünder. Wir geben dazu Brot, aber auch Buchweizengrütze ist denkbar. Mit Kräutern sollte man ruhig ein wenig experimentieren. Ich habe das Sommerbohnenkraut für mich entdeckt – sehr aromatisch und angenehm duftend – und die Nase isst ja auch irgendwie mit! Das hier angegebene „Mischungsverhältnis" von Fleisch, Zwiebeln und Rotkohl ist natürlich nur eine Richtlinie.

Fleisch in Rosmarin-Zwiebel-Soße

Zutaten

10	Fleischscheiben (Kamm oder Kotelett)
5 Stengel	Rosmarin
5 große	Zwiebeln
1 Tasse	Sahne
3 Essl.	Honig
	Salz, Pfeffer

Zubereitung

Die Fleischscheiben in Öl von beiden Seiten scharf anbraten und beiseite stellen. In dem Fett die Zwiebel goldgelb braten und den Rosmarin klein geschnitten beigeben, mit etwas Wasser ablöschen und den Honig zugeben. Dann etwas reduzieren lassen und die Sahne zugeben. Mit Salz und Pfeffer würzen. Dann die Fleischscheiben wieder zugeben und nochmals ca. 10 Minuten köcheln lassen. Auf Lager kann es auch etwas länger sein. Wenn die Soße zu dick wird, noch etwas Wasser oder Sahne zugeben.

Hinweis:
Die Pfanne muss groß genug sein, wenn man alles in der Pfanne machen will. Wir haben nach dem Finishen der Soße das Ganze in einen Topf gemacht und dann erst die Fleischscheiben zugegeben.

Aufgespießtes Met-Huhn

Zubereitung

Das Huhn wird ein paar Stunden vor dem Garen mit Salz und Pfeffer innen und außen kräftig eingerieben. Man kann auch Knoblauch oder Kräuter verwenden.

Vorbereitung der Feuerstelle:

Ein Glutbett ist sinnvoll, das nur hin und wieder mit neuer Nahrung – sprich Holz (Linde, Buche, Birke, Erle) – versehen wird. Man sollte die Hand noch auf Höhe des Huhnes über das Feuer halten können, ohne dass es Brandblasen gibt, dann ist eine gute Temperatur erreicht. Die Flammen sollten keinesfalls bis ans Huhn schlagen.

Das Huhn aufspießen und gut befestigen, damit es nicht runterfällt. Und nun sind 2–3 Stunden geduldiges Drehen erforderlich, um das Huhn auch kerngar zu bekommen. Mit dem Met (in einem kleinen Krug) das Huhn regelmäßig begießen.

Zutaten

1	Brathuhn
	Pfeffer, Salz, Knoblauch
1 l	Met

Hinweis:
Da es keine Soße gibt, Brot dazu reichen und einen Salat.

Får i kål – Hammel und Kohltopf

Zubereitung

Den Kohl, die Zwiebeln und das Hammelfleisch in einem großen Topf schichten, Pfefferkörner jeweils auf das Fleisch streuen, mit Kohl abschließen, mit Salz bestreuen, Topf zu zwei Dritteln mit Wasser füllen, in gut geschlossenem Topf 2 Stunden lang bei mäßiger Hitze schmoren. Aus Mehl und einer halben Tasse Wasser einen Brei anrühren, am Schluss zugeben. Gericht durchschütteln und mit Petersilie bestreuen.

(Original: Martin Marheinecke, Verein Rabenclan. Verein zur Weiterentwicklung heidnischer Traditionen e.V.)

Zutaten

- 750 g Schaf- oder Hammelfleisch (gebrüht, gewürfelt)
- 500 g Zwiebeln (in Scheiben geschnitten)
- 750 g Weißkohl (gebrüht, in Achtelstücke geschnitten)
- Salz
- 1 Teel. Pfefferkörner
- 70 g Mehl
- 1 l kochendes Wasser
- 1 Essl. Petersilie (fein gehackt)

Info

Får i kål ist ein traditionelles Gericht, das wiedererwärmt erst seinen Geschmack bestens entfaltet.

Mangoldhuhn und Selleriepüree für 4 Personen

Zubereitung

Die Sellerieknolle putzen und schälen, klein würfeln und bei mittlerer Hitze kochen, bis sie weich ist. Dann einen Teil des Wassers abschütten und den Sellerie pürieren, dabei nach Geschmack Salz und Pfeffer beigeben und so viel Sahne hinzufügen, bis die gewünschte Cremigkeit erreicht ist. Warm stellen. Die Hähnchenstücke halbieren, gut salzen und pfeffern und einzeln in die Mangoldblätter einwickeln. Die Päckchen in einen großen Topf legen, Wasser zugießen bis sie gerade bedeckt sind, und bei wenig Feuer köcheln lassen, bis die Stücke gar sind. (Original: Sigrid Peters, Abenteuer Archäologie 1/2007)

Für das Mangoldhuhn:

Zutaten

6	Hähnchenbrustfilets
3 Bund	Mangold
	Wasser
	etwas Salz und Pfeffer

Für das Selleriepüree:

Zutaten

1	Knollensellerie
	Sahne
300 ml	Wasser
	etwas Salz und Pfeffer

Ich kenne einen Weg, der älter ist als das Kreuz ...
Kleiner Ausflug in die nordische Mythologie

Die Nordmänner hatten ein sehr interessantes, zyklisch aufgebautes Weltbild mit einer sehr umfassenden Götterwelt an dessen Spitze der Göttervater Odin steht. Die wichtigsten Quellen stellen die Lieder der Lieder-Edda und Geschichten bei der Prosa-Edda dar. Dabei handelt es sich um Dichtkunst des frühen Island, die im Zusammenhang mit der isländischen gelehrten mittelalterlichen Frühgeschichte bis ins 13. Jahrhundert hinein aufgeschrieben wurde. Sie bildet den Volksglauben dieser Zeit aber nicht identisch ab. Die schriftlichen Zeugnisse Skandinaviens sind erst nach der Christianisierung entstanden und daher in unterschiedlichem Umfang von christlichem Glauben und klerikaler Bildung beeinflusst.

Das Weltbild ihrer Mythen ist eine Projektion des Landes der Bauern und des Horizonts der Seefahrer. Das Reich der Menschen liegt dabei zentral und wird als Midgard (die umzäunte Welt in der Mitte) bezeichnet, während die Götter „Asen" in Asgard (die umzäunte Welt der Asen) leben, wo jeder Gott seinen eigenen Göttersitz regiert. Odin, der höchste Gott des nordischen Seefahrervolks, lebt in Walhalla (Halle der erschlagenen Krieger). In sein Reich werden die in Ehre gefallenen Helden von den Walküren geleitet. Im Glauben der Wikinger dreht sich vieles um Werden, Vergehen und Wandlung, vor dem auch die Götter nicht gefeit sind. Die riesige Esche Yggdrasil, der Lebensbaum, bildet den Mittelpunkt des Asenreiches. Ihre Krone berührt den Himmel, wo die Wölfe Skalli und Hatti die Gestirne jagen, die von Mani und Sol in Wagen über den Himmel gezogen werden. Drei Wurzeln umspannen die gesamte Welt. Sie berühren das Menschenreich, die Welt der Trolle und Riesen und die Unterwelt. Yggdrasil steht an der Quelle der Urd, einer der drei sog. „Nornen", die gemeinsam mit Verdani und Skuld das Schicksal von Menschen und Göttern bestimmt.

Die Nornen repräsentieren das Sein, das Werden bzw. Müssen und das Gewesene. Die Esche ist selbst vor Gefahren und Vergänglichkeit nicht geschützt. Ein Drache „Nidhöggr" nagt an einer Wurzel und vier Hirsche nagen die frischen Knospen der Esche ab. Das Eichhörnchen Ratatoskr klettert unablässig den Stamm hoch zur Krone, wo ein Riese in Adlergestalt sitzt, dem es böses Gerede zuträgt. Umspannt wird die Welt der Götter und Menschen von einer riesigen Seeschlange, der Midgardschlange, die am Ende der Welt zu ihrer Zerstörung beitragen wird, indem sie und der Gott Thor sich gegenseitig töten. Sie ist als einigender Kreis um die Länder zerstörerisch und notwendig zugleich.

Die Welt der Riesen Utgard/Jotunheimen ist die ungeordnete, gefährliche Welt, die außerhalb des geschützten, umzäunten Bereiches liegt. Die Nordmänner und die Götter und Riesen verhalten sich zudem nur allzu „menschlich", trinken, spotten und drohen, betreiben Glücksspiel und sind in Raufereien verstrickt.

In der heidnischen Welt herrschten demnach eine Vielzahl unterschiedlicher Mächte im häuslichen Leben und der Natur. Gut und böse gesinnte Zwerge, Elfen und allerlei Dämonen, Ungeheuer und Elementargeister existieren in allen Welten. Doch stand der ewige Widerstreit von Göttern und Riesen im Mittelpunkt des Kosmos. Durch den ewigen Kampf dieser Kräfte entsteht und vergeht die Welt.

Süßspeisen

Für Naschkatzen

Hirsebrei: Der Brei aus dem Märchen

Zutaten

1 l	Milch
1 Essl.	Butter
3 Essl.	Honig
1 Teel.	Salz
200 g	Hirse

Zubereitung

Die Milch mit der Butter, dem Honig und dem Salz aufkochen. Dann die gewaschene Hirse zugeben und etwa 1 Stunde bei schwacher Hitze quellen lassen, bis ein sämiger Brei entstanden ist.

Hinweis:
Man kann ihn mit verschiedenen Zutaten verfeinern.
- mit Zucker und Zimt (wenn man es mit der Authentizität nicht so genau nimmt).
- mit Äpfeln (schön klein geschnitten und kurz vor Ende der Garzeit zugegeben).
- mit etwas mehr Honig, für die lieben Kleinen.
- man kann (zu Hause) auch ein Glas Kirschen oder anderes Obst dazugeben.
Wenn man ihn zum Frühstück servieren will, muss man früh aufstehen,
denn bei offenem Feuer kann man auch mal länger zum Quellen brauchen.

Eierkuchen – Pfannkuchen
Der Hit für die lieben Kleinen… und für süße Krieger

Zutaten

½ l	Milch
6	Eier
300 g	Mehl
3 Eßl.	Honig
½ Teel.	Salz
	etwas Butter

Zubereitung

Mehl (ich nehme halb Roggen-, halb Weizenmehl, weil es herzhafter wird) und Salz mit ein wenig Milch glatt rühren und mit den Eiern verquirlen. Die restliche Milch zugeben und zu einem glatten Teig verrühren. Wichtig! Den Teig gut eine halbe Stunde stehen lassen, ehe man ihn bäckt, damit das Mehl seine Bindekraft entwickeln kann. Eine Messerspitze Butter schmelzen lassen und eine Kelle Teig backen. Der Teig sollte beim Schwenken gerade den Boden der Pfanne bedecken. Wenn der Teig goldgelb ist, wenden und die zweite Seite backen.

Hinweis:
Man kann die Eierkuchen mit verschiedenen Zutaten verfeinern
- mit Äpfeln (in dünnen Scheibchen geschnitten in der Butter anschwitzen und dann erst den Teig darüber gießen)
- auch Mandeln oder andere Nüsse in der Pfanne anbraten und dann den Teig darüber geben
- sie lassen sich natürlich auch herzhaft zubereiten

Holundersuppe mit Grießklößchen

Zubereitung

Holundersaft

Die Holunderbeeren lassen sich mit einer Gabel von den Stielen

Zutaten	
	Unmengen Holunderbeeren (auch Fliederbeeren genannt)
	Zucker
	Roggenmehl
125 g	Hartweizengrieß
2	Eier
1 Teel.	Salz
375 ml	Milch
1 Essl.	Butter
1 Prise	Muskat

pflücken. Die Beeren waschen und in einen großen Topf geben. Mit heißem Wasser überbrühen und zum Kochen bringen. Die Beeren ca. 1 Stunde köcheln lassen. Dann die Beeren über ei Sieb oder mit einem groben Tuch durchseien und den Saft beiseit stellen. Man kann den Saft auch gleich mit Zucker kochen.

Grießklößchen

Die Grießklößchen lassen sich ebenfalls vorher einzeln kochen und dann in der Suppe erhitzen. Man kann sie natürlich auch direkt in der Suppe garen. Milch mit Butter, ½ Teel. Salz und Muskat zum Kochen bringen, dann den Grieß einstreuen. In die feste Masse ein Ei geben und kaltstellen. Das andere Ei unter den erkalteten Grießteig rühren und mit nassen Händen kleine Klöße formen. Die Klößchen in reichlich kochendes Wasser geben und bei schwacher Hitze ziehen lassen, bis sie gar sind und oben schwimmen.

Hinweis:
Zum Binden der Suppe verwende ich zu Hause Puddingpulver (Vanille oder Sahne).
Abwandlungen:
- Apfelstückchen in der Suppe mitkochen
- Als Beilage kann man auch in Butter geröstete Weizenbrotwürfel verwenden.
Holundersaft kann man auch fertig kaufen. Z. B. bekommt man übers Jahr verteilt bei ALDI, LIDL oder anderen Lebensmitteldiscountern welchen, wer nicht extra ins Reformhaus gehen möchte.

Suppe

Den Saft erhitzen. Das Roggenmehl in ein wenig kaltem Wasser auflösen und zum Binden der Suppe verwenden.

Traditionelle Gerichte

Für die Wagemutigen oder wem´s schmeckt

Svið – gesengter Lammkopf

Zutaten

1–3	Lammköpfe (Asia/Afrika oder Orientalisches Lebensmittelgeschäft mit Fleischtheke)
	Meersalz

Info:

Svið bedeutet in deutscher Sprache in etwa „abgesengter, halber Schafskopf" und wurde zur Zeit der Wikinger in Þorri, dem vierten Monat des Winters verzehrt. Dieser dauerte etwa vom 22. Januar bis zum 24. Februar. Þorri war wahrscheinlich ein Wintergeist oder ein Wettergott. Es war Sitte, während dieser Zeit zusammen zu kommen, den Gottheiten zu opfern und auf ihre Wohl zu trinken und zu essen. Diese Tradition existiert heute noch. Ältere Isländer schwören darauf und nicht selten trifft man auf Eine(n), der das Auge des Kopfes für eine Delikatesse hält.

Originalrezept nach: Island Dumont Reisen

Zubereitung

Die gesäuberten Köpfe werden unausgenommen in Salzwasser 1,5–2 Stunden gekocht und mit Steckrübenpüre oder gedünsteten Möhrchen servier Warm und kalt genießbar, dienen sie i Island noch heute als Reiseproviant un Vorspeise.

Hákarl/Hakikarl – fermentierter Hai

Das Eingraben und Fermentieren von Lebensmitteln ist eine uralte nordische Konservierungsmethode. Früher wurde auch der skandinavische Gravad Lachs durch Vergraben mit Salz, Pfeffer und Dill haltbar gemacht und geschmacklich veredelt.

Zubereitung

Den Hai in Streifen schneiden und einen Winter lang am Strand vergraben. Das ist die traditionelle Methode. Sie können ihn aber auch mit Sand zwei bis drei Monate in Holzkisten aufbewahren und ihn so vom Ammoniak entgiften. Den fermentierten Fisch anschließend für vier bis sechs Monate im Freien zum Trocknen aufhängen. Den trockenen Fisch in kleine Würfel schneiden und in Einmachgläsern aufbewahren. Der lange und kalte Winter Islands trägt sicher zum Gelingen dieses Konservierungsprozesses entscheidend bei. Beim Verzehr von Hákarl empfiehlt es sich, isländischen Kartoffelschnaps (Brennivín) zu trinken, ansonsten könnte es zu Verdauungsbeschwerden kommen.

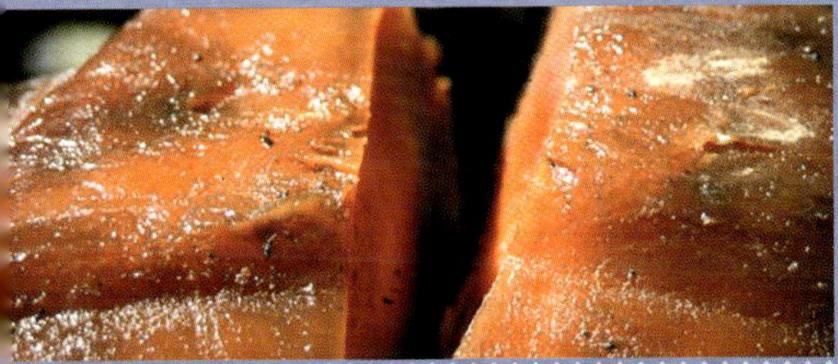

Zutaten

1 Nierenloser Eis- oder Grönlandhai bzw. Sandhai

Hirvikäristys – Finnischer Elchbraten (4 Pers.)

Zubereitung

Um das Elchfleisch in dünne Scheiben schneiden zu können, müssen Sie es für etwa eine Stunde in das Eisfach legen, oder eben auf Lager im Winter draußen vors Zelt. Wenn Sie eingefrorenes Elchfleisch verwenden, tauen Sie es vor dem Schneiden nicht vollständig auf. Leicht gefrorenes Fleisch ist fest und lässt sich mit einem großen schweren Messer recht einfach in hauchdünne Scheiben schneiden, durch die das Messer schon durchscheinen sollte.

Man brät die Fleischscheiben in einer schweren Pfanne in Einzelportionen in der Butter an. Die Pfanne darf nicht zu voll sein, damit das Fleisch kein Wasser zieht. Gebratenes Fleisch stellt man in einer angewärmten Schüssel beiseite. Wenn alle Fleischscheiben gebraten sind, gibt man sie alle noch einmal in die Pfanne und gießt das Wasser an. Wenn das Wasser verdampft ist, sind die Elchfleischscheiben servierbereit. Man würzt es sich auf dem Teller ganz nach Geschmack.
(Nach Arte, Kultur)

Zutaten
1 kg	Elchschulter
150 g	Butter
100 ml	Wasser
	Salz
	Pfeffer

Info:
Das würzige Elchfleisch ist selbst in Finnland eine gesuchte Spezialität. In Deutschland und Frankreich dürfte es nur gelegentlich in den großen Warenhausketten mit gut sortierten Lebensmittelabteilungen zu kaufen sein oder eben in einem Delikatessengeschäft oder über ebay. Als Ersatz können Sie auch Hirsch (Sika) nehmen – schließlich ist der Elch die größte und die schwerste Hirschart und ähnelt im Geschmack unserem Hirsch. Elche werden von September bis November gejagt. Außerhalb der Saison wird ihr Fleisch nur tiefgefroren verkauft. Kulinarisch interessant sind nur Elchkälber und Jungbullen bis zum ersten Lebensjahr.

Skyr – Färskost

Zubereitung

Packungsangaben des Labs verwenden. Variiert, je nachdem, ob das Lab pflanzlich, flüssig, körnig, oder in Tablettenform ist (wenn nicht flüssig, vorher in lauwarmem Wasser lösen). Die Milch wird auf 85–90°C erwärmt und 10 Minuten bei dieser Temperatur gehalten.

Es ist sehr wichtig, dass die Milch weder kocht, noch verbrennt und dann auf 38–39°C runtergestellt wird. Die Milch muss etwas abkühlen, da sonst das Lab nicht funktioniert.

Jetzt die Sahne mit einem Esslöffel Milch gut durchmischen. Beides in die warme Milch schütten und wieder gut durchrühren. Jetzt wird das Lab hinzugefügt. Um beste Ergebnisse zu erzielen, muss der Skyr 6 Stunden abkühlen.

Manchmal kann man einen Langsamkocher, einen sog. Crockpot zur Herstellung von Skyr benutzen, weil der Herd oder schwere Steinbehälter nur sehr langsam abkühlen.

Man kann zum nächsten Schritt übergehen, wenn man einen Schnitt in den Skyr macht, der sich danach nicht sofort wieder schließt.

Der Skyr wird jetzt durch ein Sieb gegossen, das man vorher mit einem Seihtuch oder einem feinem Leinentuch auskleidet. Die Enden des Tuches bindet man jetzt oben zusammen und hängt sie über einen Eimer oder anderen Behälter, dass die Molke langsam abtropfen kann.

Man lässt den Skyr jetzt entwässern, bis er eine ziemlich feste Konsistenz bekommen hat.

Sie sollte etwa wie Speiseeis sein. Vor dem Servieren ist es wichtig, den Skyr mit einem Schneebesen glatt zu rühren. Er sollte keine Klumpen oder Körner mehr haben.

Skyr kann mit süßer Sahne und Honig verfeinert werden, und ebenfalls gut mit Früchten wie Heidelbeeren, Brombeeren oder Preiselbeeren. Er kann auch deftig mit Knoblauch, Schnittlauch, Petersilie oder gemahlenem Kümmel gewürzt werden.

(Originalrezept nach einem schwedischen Rezept aus: Broomé, Susan and David Hajtowitz: Över Öppen Eld Vikingatida Recept (Over an Open Fire Viking Age Recipes).1997).

Zutaten

6 Tassen	Magermilch
1 Tasse	Buttermilch
	Lab
2 Essl.	Sauerrahm
1 Essl.	Milch
	Thermometer um die Milch-temperaturen zu überprüfen

Info:
Skyr hat die Konsistenz und den Geschmack, der vielen Menschen wie Joghurt anmutet. Allerdings wird er mehr wie Quark oder Frischkäse hergestellt, mit Lab, damit die Milch gerinnen und Feststoffen damit die Molke getrennt werden kann – also die schwedische Bezeichnung, Färskost oder „Frischkäse" ist eindeutiger gewählt.
Wirklicher Skyr ist nicht pasteurisiert und wird mit Buttermilch gemacht. Je frischer die Buttermilch ist, desto besser fällt das Ergebnis aus. In Island wird Skyr richtig gemacht, indem ein wenig altes Skyr auf die neue Mischung gegeben wird, die dem neuen Ansatz das richtige Aroma von Skyr verleiht.
Ähnliche Ergebnisse kann man erzielen, indem man saure Sahne zu der Mischung gibt.

Übersicht Wildfrüchte und -kräuter – Was kann man wann finden

März

Brennnessel
Löwenzahnwurzeln und -blätter
Hopfensprossen
Huflattichblüten
Pimpinellewurzeln
Brunnenkresse
Gänseblümchenblätter
Schlehenblüten
Zichorienwurzeln

April – Mai

Bärlauchblätter
Löwenzahn (Blüten)
Brennnesselblätter
Schlehenblüten
Kerbelkraut
Brombeerblätter
Spitzwegerichblätter
Sauerampferblätter
Ebereschenblüten

Juni

Walderdbeere
Waldhimbeere
Walnussblätter
Vogelkirsche
Maulbeere
Birkenblätter
Blüten der echten Kamille
Holunderblüten
Ackerschachtelhalm

Juli

Walnuss, grün – als Likör ansetzen
Lindenblüten
Steinweichsel – nur vollreif pflücken
Kirschpflaume
Heidelbeere – Früchte reif sammeln – Blätter vor der Fruchtreife für Tee
Beifuss (Blütenrispe)

August

Brombeere
Roter Holunder – leuchtendrote Früche, traubenförmig angeordnet
Gemeiner Wacholder – als Gewürz und als Schnaps (Gin)
Eierschwammerln
Haselnuss
Kapuzinerkresse (unreife Früchte zum Einlegen)

September

Schwarzer Holunder – Beeren immer kochen für Wein oder Mus
Wildrose – die Hagebutten ernten wenn sie weich sind und sich gut vom Stengel zupfen lassen, sehr hoher Vitamin-C-Gehalt, Tee ist sehr gesund
Weißdorn – Tee oder in Verbindung mit anderen Früchten
Weintraube
Kornelkirsche – vollreif ernten, sonst bitter, auch nach dem ersten Frost
Zwetschke
Maroni, Edelkastanie
Speierling – sehen wie kleine rotbackige Äpfel aus, zu Hause reifen lassen bis sie schokoladenbraun sind
Mostbirne/Wildbirne
Preiselbeere

Quitte – leuchtendgelbe Früchte
Bärwurz-Wurzeln
Sanddorn – Marmelade, Likör (dabei keine Äste abschneiden)
Haselnüsse

Oktober

Walnuss – Walnussbäume gab es schon zur Wikingerzeit
Schlehe – herb, aber für Fruchtmus geeignet, nach dem Frost süßer
Bucheckern – getrocknet und geröstet – zum Naschen
Berberitze

November

Eberesche – nach dem ersten Frost ernten. Zum Sirup einkochen und in Heißgetränke tun.

Ganzjährig

Gänseblümchen
Gundermann
Sauerampfer
Wasserlinsen
Brunnenkresse
Vogelmiere
Sogenannte „Ackerunkräuter" (z. B. Wegerich)

Hier ist Saetas „Einkaufsliste", mit der sie seit Jahren arbeitet:

Die Liste ist als Check- und Einkaufsliste gestaltet, d. h. es gibt eine Spalte für „vorhanden" und eine Spalte „einkaufen". Eine ähnliche Liste gibt es auch für die sonstige Küchenausstattung, die „Hardware". Diese muss sich jeder selbst aufstellen, damit nichts Wichtiges vergessen wird.

Einkaufsliste

Immer dabei
- Butter / Öl
- Schmalz
- Milch
- Sahne / saure
- Feta
- Schmand
- Zwiebeln
- Kohl
- Möhren
- Äpfel
- Knoblauch
- Gartenkräuter
- Gewürze
- Senf
- Buchweizen
- Weizen- / Roggenmehl
- Hirse
- Gerstengrütze
- Salz
- Zucker
- Graupen
- Dinkel
- Grünkern

Frühstück
- Honig
- Marmelade
- Nutella
- Speckwürfel
- Salami / Wurst
- Kaffee
- Tee
- Kakao
- Cappuccino

Manchmal
- Rettich
- Porree
- Kohlrabi
- Birnen
- Bohnen
- Kopfsalat
- Olivenöl

FRISCH:
Brot / Brötchen
Fleisch
Eier
Quark
Joghurt

Lebenslauf

Saeta Godetide, ist bereits seit 11 Jahren in der Mittelalter-Szene unterwegs.
Saeta – „Die Süße". Dieser nordische Name, den sie sich nach ihrem ersten Lager als Darstellerin selbst ausgesucht hat, ist mittlerweile ihr wirkliches Ich geworden – weil sie gerne süße Gerichte kocht. Nomen est omen!

Doch die 50-Jährige war nicht immer Saeta. An ihre Anfänge als Marktbesucherin, und im Laufe der Zeit wegen der Faszination für Lager und Leute schließlich selbst als Gewandete, erinnert sie sich heute gerne zurück. Es war nicht unbedingt leicht in die „geschlossene Gesellschaft" des Mittelalters hinein zu kommen, sagt sie. Man sei eben für längere Zeit noch ein „gewandeter Touri", also ein Marktbesucher ohne authentische Kleidung.

Im Jahre 2001 wurde Saeta in einer Internet Community aufgrund ihres Mittelalter-Hobbys von einem Gleichgesinnten „entdeckt". So kam sie zum Frühmittelalter, den Wikingern. Bald schon musste sie sich überlegen, welches Handwerk auf den Lagern auf Dauer zu ihrer Bestimmung werden könnte. Die ursprüngliche Idee, nähen, verwarf sie schnell wieder und stellte sich schon bald ans Herdfeuer. Stets zählte der Spaß an der Sache mehr, als ihre Garküche zu 100 % mit originalen (aber auch teuren) Repliken auszustaffieren. Inzwischen ist einiges ihres Kochzubehörs extra für sie angefertigt worden.

Seit fünf Jahren ist unsere kreative Wikingerfrau geliebte Sippenköchin und „Mutti" für alle im Bernsteinring, einer Wikingersippe. Auf Lagern ist Saeta mittlerweile eine feste Größe und das Angebot „all inclusive", für die hungrigen Helden, wurde unverzichtbar. „All Inclusive", das bedeutet: Frühstück wie bei Muttern, eine kleine Mittagsmahlzeit, meist Suppe und ein warmes Abendbrot. Das große „A" für authentische Kleidung und Gebrauchsgegenstände ist mittlerweile auch an Saeta nicht vorbei gegangen. So ist ihre Kleidung aus Leinen oder Wolle handgenäht, die Kochtöpfe sind genietet, die Schüsseln und Löffel geschnitzt und ihre verwendeten Lebensmittel zeitgemäß.

Saeta, die mit bürgerlichem Namen Sabine Gutzmer heißt, hat eine eigene Homepage http://www.saeta.de, die für ihre Rezepte und Marktberichte bekannt wurde. Und nun erscheint ein Kochbuch, in dem all ihr angesammeltes Wissen schwarz auf weiß zu lesen ist und sie hofft, alle Mittelalterliebhaber und Darsteller verwenden es, um sich und ihre Gäste gut und lecker zu verköstigen!

Lebenslauf

Carolin Miriam Küllmer, „der Rabe", betreibt das Mittelalter-Hobby seit einigen Jahren und ist seit drei Jahren auch als Schwertkämpferin aktiv, da sie die alte, traditionelle Art zu fechten schon immer fasziniert hat.

Angefangen hat die 26-Winter-Zählende in der Kasseler Schwertfechtgruppe Nordhessen, aus der mittlerweile der Verein Historisches Schwertfechten Nordhessen Verein für traditionelle europäische Kampfkünste e. V., geworden ist. Ihre Waffen sind neben ihrem Mundwerk ihr Langschwert, der Dolch, das Shinai und ein Dussack.

Einige Zeit hat Carolin noch in einem Wikinger Kämpferbund trainiert, was sie aber aufgrund der Entfernung, Zeitmangel und damit verbundener mangelnder Kampferprobung, schweren Herzens aufgeben musste. Obwohl sie nun einem hochmittelalterlichen Verein angehört, der die Techniken von Fechtergrößen wie Johannes Liechtenauer, Peter von Danzig oder Codex Wallenstein rekonstruiert, bleibt sie weiterhin ihrer Wikingerdarstellung durch Gewandung und traditionellem Schmuck treu verbunden.

Das Lagerleben als Gast, sowie den Besuch von Mittelaltermärkten kostet die Rabenfrau immer dann aus, wenn ihr die Freizeit neben der Arbeit noch Raum lässt. Auf einer Rundreise durch Norwegen und Dänemark und einer Woche im Kämpferlager in Moesgard sind zahlreiche Fotos entstanden, von denen sie auch einige in diesem Buch beisteuert.

Der Rabe hat Germanistik und Soziologie studiert und sich hauptsächlich mit der Mediävistik, alten Schriften und historischen Texten auseinandergesetzt. Das geschichtliche Wissen, kombiniert mit zahlreichen genannten Fachquellen in diesem Buch, der historische und mythologische Teil, sowie ein Teil der historischen Rezeptquellen stammen aus seiner (Raben-) Feder.

Neben dem Schwertfechten liest und zeichnet Caro leidenschaftlich gern und begeistert sich für Fotografie, (Körper-) Kunst und Musik.
Statt selbst experimentell am Herd zu stehen und geduldig Rezepte zu kreieren, genießt unsere Rabenfrau lieber die Künste anderer Köche fürs leibliche Wohl. In der örtlichen Sushi Bar ist sie mittlerweile Stammgast, jedoch ist die mittelalterliche Küche für sie genauso schmackhaft wie die Asiatische, wenn dies auch ein krasser Gegensatz ist. Aber Gegensätze machen das Leben ja bekanntlich interessanter, nicht wahr?

Geschichtliches und Nachschlagewerke

DÜWEL, Klaus: Runenkunde. 3. Auflage. Verlag J. B. Metzler, Stuttgart, Weimar, 2001.

Arnulf Krause: Die Welt der Wikinger, Campus Verlag, Frankfurt am Main, 2006.

Reinhard Barths: Taschenlexikon Wikinger, Piper, München, 2002.

Was ist was Band 58, Die Wikinger

Neil Grant: Die Wikinger, Tessloff, Nürnberg, 2003.

Peter Sawyer und Thomas Bertram: Die Wikinger. Geschichte und Kultur eines Seefahrervolkes, Nikol, Hamburg, 2008.

Jackie Gaff: Die Wikinger. Reise in die Vergangenheit, Parragon, 2003.

Susan M. Margeson: Wikinger. Sehen - Staunen - Wissen. Fotos von Peter Anderson. Gerstenberg, Hildesheim, 2005.

Rudolf Simek: DIE WIKINGER; Verlag C.H. Beck, 2. Auflage, München, 2000.

Rudolf Simek: Die Germanen. Reclam, Ditzingen, 2006

Régis Boyer: DIE WIKINGER, Klett-Cotta-Verlag, 2. Auflage, Stuttgart, 1994.

Bellinger, Gerhard J.: Knaurs Lexikon der Mythologie. Mit über 3000 Stichwörtern zu den Mythen aller Völker. Weltbild/Bechtermünz, Augsburg, 1997.

Graham-Campbell, James. The Viking World. Ticknor & Fields, New York, 1980.

Angus Konstam. Die Wikinger: Geschichte, Eroberungen, Kultur. Tosa, 2005.

Die Wikinger. Claudia Banck. Theiss, Stuttgart, März 2009.

Roesdahl, Else, and David M. Wilson. From Viking to Crusader: The Scandinavians and Europe 800-1200. Rizzoli, New York, 1992.

Beleg für die Fischsauce: Abenteuer Archäologie 2/2005, S. 64

DAMALS- Das Magazin tur Geschichte und Kultur. Die Wikinger Nr.1 /2003.

H. J. Fahrenkamp, Wie man eyn teutsches Mannsbild bey Kräfften hält, München 1999 (völlig überarbeitet und neu hrsg.)

W. Pochljobkin, Nationale Küchen: Die Kochkunst der sowjetischen Völker. Leipzig, 1984.

Internetseiten:

Etymologischer Wortbeleg:

http://209.85.129.132/search?q=cache:QmzQuXGN0akJ:www.linguistik.uni-erlangen.de/~chmasur/Norphi/SS09/Wikinger_und%2520Goten_v0.3.odt+vikingr+bedeutet&cd=1&hl=de&ct=clnk&gl=de

http://www.saeta.de

http://www.planet-wissen.de/politik_geschichte/voelker/wikinger/index.jsp

http://www.mmsseiten.de/ga-003.htm

http://www.karls-sippe.de/html/NahrungderWikingerinHaithabu.htm

http://www.jordheim.info/die_wikinger_1_ernaehrung.html

http://www.trebeta.net/page.php?pid=wikinger_futter

http://www.jadu.de/mittelalter/wikinger/norwegen.html

http://www.geocities.com/Colosseum/Goal/2688/history/pferdekult.html

http://www.tempus-vivit.net/bibliothek/buch/das-pferd-in-der-islaendischen-landnahmezeit-874-930

http://www.cs.vassar.edu/~capriest/vikfood.html

http://www.geysir.com/deutsch/natur/tiere/landtiere.phtml

http://www.sungaya.de/schwarz/germanen/met.htm

http://www.vampyrbibliothek.de/asen/edda/edda_start.htm

http://www.ewetel.net/~lothar.ammermann/wikinger.htm

http://www.beepworld.de/members41/jungelady/wikinger.htm

http://www.spookys-home.de/seiten/zeitreise/feiertage_wikinger2.htm

http://www.abipur.de/hausaufgaben/neu/detail/stat/221284501.html

http://www.daenemark-infos.de/wikinger.htm

http://www.thorgerdssippe.de/thorgerdsheim/weise_frau/kunststile/stilperioden02.html

http://www.uni-graz.at/~katzer/engl/Myrr_odo.html

http://www.ydalir.co.uk/crafts/cook/recipes.htm

http://nvg.org.au/documents/other/vikingrecipes.pdf

http://www.norwegen.no/culture/food/K%C3%B6stlichkeiten/f%C3%A5r+i+k%C3%A5l.htm

http://www.fantastik-online.de/fa/a/fa_a0008.htm

http://www.berserks.de/Wikinger/GOETTER.HTM

http://www.arte.tv/de/europa/zu-tisch-in/Die-Rezepte-von-A-bis-Z/2208752.html

Mythologie:

Rudolf Simek: Lexikon der germanischen Mythologie, 3. Aufl. Kröner, 2006.

Rudolf Simek: Götter und Kulte der Germanen, Beck, Stuttgart, 2006.

Die Edda das Snorri Sturluson- Reclam (von Arnulf Krause), unter anderem daraus:Egils Skallagrimssonar Saga, Kapitel 29.

Die Prosa Edda- Snorri Sturluson, Manesse Verlag.

Kochbücher:

Broomé, Susan und David Hajtowitz: Över Öppen Eld Vikingatida Recept (Rezepte der Wikingerzeit über offenem Feuer).1997.

Fant, Michaël, Roger Lundgren und Thore Isaksson: Vikingars Gästabud (Das Wikingerfest, Dänisch.), Richters Verlag, Malmö, 1998.

*Anfangs Zitat: Grimnir = Der Maskierte, einer der 170 Beinamen Odins der zur Täuschung des ungastlichen Königs Geirröd (Speer-Schutz) verwendet wurde. Andhrimnir = Der dem Ruß ausgesetzte. Koch in Asgard. Sährimnir = rußiges Seetier.Unsterblicher Eber, Einherjer = Der allein kämpfende. In Ehre gefallener Krieger, Geri und Freki = Der Gierige und der Gefräßige. Odins Wölfe)

Food Bilder Jens Christoph/Saeta Godetide, Aufnahme Elch (Elchbraten): K.-H. Volkmar

Esko Rogalla: Standesunterschiede; Oliver Klimnach: Gelage, Braten, Seite 1.

Heike „Hekja" Hammelbacher: Paarbild mit Hund Anatevka:109; Prof. Dr. Rudolf Simek: Foto Vorwort

Frank Henning (www.Fotofloh.de)